JN120075

四訂
食品の消費と流通

（公社）日本フードスペシャリスト協会 編

建帛社
KENPAKUSHA

まえがき

　本書は，発展と変革が著しいわが国における「食品の消費と流通」の現状を理解し，消費者がよりよい食品選択を行う術を獲得することを目標として刊行したものである。また同時に，公益社団法人日本フードスペシャリスト協会が認定するフードスペシャリスト資格取得のためのカリキュラムに対応しており，その養成を行う大学あるいは短期大学で使用する教科書として執筆・編集したものである。

　しかし，それだけではなく，家政系あるいは農学系の学問領域において関連する専門科目の教科書あるいは参考書としても利用できる。

　本書は全6章からなっており，第1章では近年の食市場や食生活の変遷と現状を解説し，超高齢社会を迎えた日本の食市場についても触れている。第2章では食品の流通システムに関する基礎理論を学ぶとともに，豊かな食生活を支えている食品流通のあり方と課題を提示している。第3章では外食・中食産業の現状と食生活の変化を解説した後，中食のビジネスモデルを紹介している。第4章では主要食品の流通について，その特徴，技術発展，法制度の変化などの観点から解説している。第5章ではフードビジネスの現状を概観した後，マーケティングの基礎理論を解説し，近年，急速に展開されているデジタル・マーケティングの基本についても触れている。第6章では食料消費と環境問題，食品流通の安全確保，食料消費を取り巻く課題について解説しており，その取り組みの歴史的経緯と内容を理解するとともに，SDGsの17の目標と関連させて学習してほしい。

　本書を用いて学習するにあたっては，基礎的な統計数字を読み解くことも有効である。多くの図表を掲載してあるが，それらの大半は入手可能である。そうした統計データを入手して，自らグラフ化することもよ

い勉強になるだろう。

　また，本書で学習した後に，例えば実際に店頭に立って消費者に直に向き合うことで実感につながり，理解がより深まることであろう。ここで忘れてはならないのが，単に感覚として捉えるだけではなく，それを理論化することである。得られた理解と実感をもとに，もう一度本書を読み返してみれば自らの中で理論を再構築できるはずである。

　本書の初版は，2000（平成12）年に出版され，新版は2008（平成20）年，三訂版は2016（平成28）年に刊行された。三訂版から約5年が経過したが，その間の社会情勢の変化は大きく，流通の形態や消費者の動向も様変わりしてきた。こうした状況をふまえ，このたび本書の構成を見直し，また執筆者を一部変更し，新たな書籍として四訂版を刊行した次第である。

　本書はその性質上，統計データについて時々刻々変化するため，その点に関してはフォローが欠かせない。教科書として採用する場合は，教えられる教員の方々の力をお借りしたい。

　本書が，優れたフードスペシャリストの養成に資することを期待している。

　　2021年1月

　　　　　　　　　　　　　　　責 任 編 集

　　　　　　　　　　　　　　　　田　島　　眞
　　　　　　　　　　　　　　　　木　島　　実

目　次

3　外食・中食産業のマーチャンダイジング

4　主要食品の流通

5　フードマーケティング

6　食料消費の課題

1 食市場の変化

★ 概要とねらい

　日本の食市場は，第二次世界大戦後，人口の増加と所得の上昇などを伴う経済成長を背景に，拡大の過程を歩んできた。しかし現在，少子高齢化，人口減少社会を迎え，食市場もこれまでとは異なる局面を迎えようとしている。そこでここでは本科目の導入として，マクロの視点で食市場や社会生活・食生活の変遷と現状を理解し，こうした変化が食品の消費にどのような影響を与えているのかについて学ぶ。

　具体的な内容としては，まずわが国の食市場の全体像と規模，また少子高齢化と人口減少の実態を把握した上で，このような状況の中で伸展している分野の食市場について解説する。

　次に主要食品の消費の推移と，加工食品の生産およびその技術開発の変遷について主要なポイントを確認する。そして商品を販売する際に重要な要素となる価格に関連して，商品の価格決定理論や所得弾性値，価格弾性値，また消費税の軽減税率について解説する。

　最後に，現代の食生活の多様化について理解するために，家族形態の変化と供給形態の多様化，ライフスタイルの変化，食情報の多様化との関係を探る。

　なお，本章の学習により，人口減少社会を迎え，世界でも類を見ない超高齢社会に突入した日本社会において，食市場は今後どのように変化していくのか，また変化すべきなのかを考える基盤を養ってもらえたら幸いである。

1．豊かな食生活を支える食市場

（1）食生活を支えるフードシステム

1）フードシステムの全体像

　フードシステムとは，生産された農産物や食品が消費者に届くまでのトータルな流れをいう。図1-1は，2015（平成27）年におけるフードシステムの実体経済を飲食料の最終消費額から見たものである。食用農林水産物11.3兆円（国内生産9.7兆円，輸入食用農林水産物1.6兆円）および輸入加工食品7.2兆円が食材として国内に供給され，これらの食材が直接または食品製造業，外食産業などを経由し，飲食料の最終消費額として83.8兆円の市場を形成している。なお，その内訳は，生鮮品等14.1兆円（16.9%），加工品42.3兆円（50.5%），外食27.4兆円（32.6%）となっている。

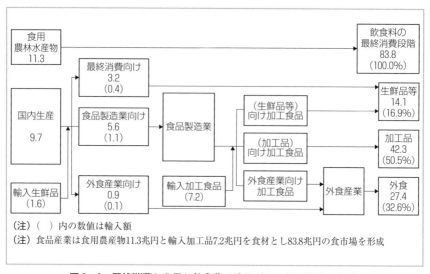

図1-1　最終消費から見た飲食費の流れ（2015年，単位：兆円）
（農林水産省「平成27年（2015年）農林漁業及び関連産業を中心とした産業連関表」をもとに作図）

2）食市場の変遷と規模

　食市場にはさまざまな分野・分類があるが，ここでは内食市場，外食市場，中食市場の視点で，その変遷を概観する。日本の食市場は第二次世界大戦後，人口の増加と所得の上昇などを伴う経済成長を背景に，拡大の過程を歩んできた。1960年代までは内食市場が主であったが，1970年代になると外国資本のチェーンレストランやファストフードなどの参入を契機に新たな外食市場が登場した。さらに社会環境の変化に伴い，1980年代末期から現在に至るまで中食市場が成長している。

　食市場の規模として，1980（昭和55）年以降の飲食料の最終消費額の推移を表1-1に示した。その額は1980年から1995（平成7）年にかけて急成長した後，1990年代前半のバブル経済崩壊の影響をきっかけに減少傾向となった。しかし，2015（平成27）年は，円安に伴う輸入食品の価格上昇等により2011（平成23）年に比べ10％増加している。また，その構成比を見ると，一貫して生鮮食品等が減少傾向，加工品が増加傾向にある。さらに2000（平成12）年以降，加工品・外食の割合が8割を超えている。

表1-1　飲食料の最終消費額の推移　　　　（単位：10億円）

		1980	1985	1990	1995	2000	2005	2011	2015
実数	合計	49,191	61,652	72,124	82,455	80,611	78,374	76,204	83,846
	生鮮品等	14,045	15,452	16,977	16,480	14,095	13,584	12,675	14,141
	加工品	21,443	28,387	33,786	39,213	39,668	39,142	38,408	42,346
	外食	13,703	17,813	21,360	26,763	26,848	25,648	25,121	27,359
構成比(%)	合計	100.0	100.0	100.0	100.0	100.0	100.0	100.0	100.0
	生鮮品等	28.6	25.1	23.5	20.0	17.5	17.3	16.6	16.9
	加工品	43.6	46.0	46.8	47.6	49.2	49.9	50.4	50.5
	外食	27.9	28.9	29.6	32.5	33.3	32.7	33.0	32.6

注：1）総務省等10府省庁「産業連関表」を基に農林水産省で推計。
　　2）平成23年以前については，最新の「平成27年産業連関表」の概念等に合わせて再推計した値である。
（資料：農林水産省　平成27年（2015年）農林漁業及び関連産業を中心とした産業連関表（飲食費のフローを含む。）2020）

（2）人口構造の変化と食市場

1）人口減少社会の到来と少子高齢化

　総務省「平成27年国勢調査人口等基本集計結果」によると，2015（平成27）年10月1日現在の日本の人口は1億2,709万4,745人で，前回調査の2010（平成22）年と比べ約96万人減少，1920（大正9）年の調査開始以来，初めての人口減少となった。出生率が上がらないことなどから，今後急激に人口が増加することはないと予想され，日本は人口減少社会に突入したといえる。

　また，15歳未満の年少人口は約1,589万人（総人口の12.6%），15〜64歳の生産人口は約7,629万人（同60.7%），65歳以上の高齢人口は約3,347万人（同26.6%）である。15歳未満人口の割合は調査開始以来最低となった一方，65歳以上人口の割合は調査開始以来最高となり，**少子高齢化**が進行していることがわかる（図1-2）。さらに2015年の時点で，日本の15歳未満人口の割合は世界で最も低く，65歳以上人口の割合は世界で最も高い水準となっている。WHO（世界保健機関）は**超高齢社会**を総人口に占める65歳以上の高齢者比率が21%以上と

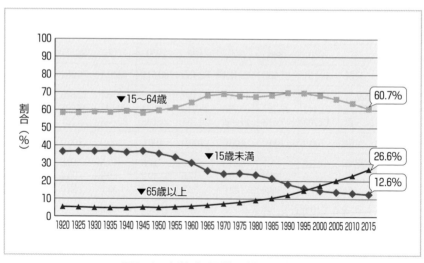

図1-2　年齢（3区分）別人口の推移
（資料：総務省統計局　平成27年国勢調査人口等基本集計結果　2016）

規定しており，日本はすでに超高齢社会を迎えている。

2）世代と食市場

　食料消費の傾向は，世代別に違いがみられる。例えば世帯主の年齢別に見た品目別食料消費の支出額（表1-2）によると，2人以上の世帯では，世帯主の年齢が高いほど1人当たり1か月間の食料消費支出が多く，単身世帯では世帯主の年齢が低いほど外食の占める割合が高くなっている。また10年前に比べると，いずれの階層においても生鮮食品は減少し，調理食品が増加している。

　さらに日本政策金融公庫の調査によると，消費者の世代別の**食志向**は，「健康志向」「手作り志向」「国産志向」は年齢が高いほど高くなる傾向にあり，「簡便化志向」「経済性志向」「美食志向」は年齢が低いほど高くなる傾向がみられる（図1-3）。7年前と比べると「簡便化志向」はすべての年代で伸びており，「経済性志向」は50〜60歳代で増加したが，30〜40歳代で減少した。「安全性志向」は，20〜30歳代で増加したが，40〜60歳代で減少している（表1-3）。

3）高齢化が変える食市場

　人口減少に伴う食市場の伸び悩み・縮小が懸念される一方で，高齢化の影響により増加傾向の食市場もある。ここでは，それらについて概観する。

　① **健康食品市場**　　高齢者が主力ユーザー層である健康食品市場は，緩やかに成長している。矢野経済研究所の調査によると，2018（平成30）年度の健康食品市場規模はメーカー出荷金額ベースで，8,614億3,000万円（前年度比1.9%増），2019（令和元）年度は8,675億円（見込み）となっている。また健康食品市場規模の拡大の要因として，機能性表示食品の伸びが大きいこともあげられている。2018年度の機能性表示食品の市場規模はメーカー出荷金額ベースで，2,240億5,000万円（前年度比25.3%増），2019年度は2,382億円（見込み）となっている。特にサプリメント分野での伸びが大きく，生活習慣病予防関連のほか，睡眠などの特定保健用食品では見られない機能などにおいて積極的な商品投入が見られ，市場規模の拡大につながっている[1]。近年の高齢者における健康長寿に対する関心の高まり，定年延長などに伴う健康を維持し動ける身体づくりへの対策，またアンチエイジング意識の高まりは，今後も健康食品市場の拡大

表1-2　世帯主の年齢別に見た品目別食料消費支出（1人当たり1か月間）

2人以上の世帯 (単位：円)

		生鮮食品	調理食品	外　　食	飲　　料	そ の 他	合　　計
29歳以下	2008年	3,835	1,799	4,527	1,051	5,396	16,609
	2018年	3,605	2,155	4,062	1,048	5,123	15,993
30～39歳	2008年	4,456	1,962	4,522	1,066	6,102	18,108
	2018年	4,079	2,252	4,587	1,167	5,816	17,901
40～49歳	2008年	5,730	2,481	4,558	1,127	7,094	20,991
	2018年	5,221	2,626	4,681	1,242	6,689	20,458
50～59歳	2008年	7,677	2,921	3,999	1,283	8,444	24,324
	2018年	6,596	3,284	4,413	1,468	7,943	23,703
60～69歳	2008年	9,808	2,978	3,614	1,350	9,867	27,617
	2018年	8,590	3,870	3,626	1,711	9,911	27,708
70歳以上	2008年	10,234	3,299	2,900	1,366	9,902	27,702
	2018年	9,857	3,726	2,845	1,528	10,042	27,998

単身世帯 (単位：円)

		生鮮食品	調理食品	外　　食	飲　　料	そ の 他	合　　計
34歳以下	2008年	2,678	5,806	25,739	3,742	8,366	46,332
	2018年	3,274	7,117	18,038	3,494	7,882	39,806
35～59歳	2008年	6,340	7,497	19,851	3,816	11,839	49,343
	2018年	5,706	8,074	15,256	3,959	10,679	43,675
60歳以上	2008年	10,995	4,830	6,401	1,898	11,282	35,406
	2018年	10,277	5,515	5,272	2,339	12,194	35,598

注：1）生鮮食品は，米，生鮮魚介，生鮮肉，牛乳，卵，生鮮野菜，生鮮果物の合計
　　2）消費者物価指数（食料：平成27（2015）年基準）を用いて物価の上昇・下落
　　　の影響をとりのぞいた数値
　　3）世帯員数で除した1人あたりの数値
（資料：総務省　家計調査（全国・用途分類））

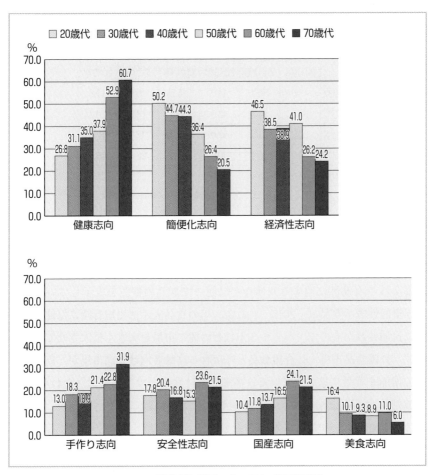

図 1-3 消費者年代別の食の意向（複数回答）
（資料：日本政策金融公庫　消費者動向等調査（令和 2 年 1 月調査））

に影響を与えることが予想される。

　健康食品には法律上の定義はなく，広く健康の保持増進に資する食品として
販売・利用されるもの全般を指しているが，その中に国が制度化している**保健
機能食品**が含まれる。保健機能食品には，**特定保健用食品**（個別認可制），**栄養
機能食品**（自己認証制），**機能性表示食品**（届出制）の 3 種類があり，国が定め

表1-3　年齢別の平成25(2013)年と令和2(2020)年の比較

(単位：％)

年代	簡便化志向		経済性志向		安全性志向	
	2013年	2020年	2013年	2020年	2013年	2020年
20歳代	43.0	50.2	44.0	46.5	15.0	17.8
30歳代	34.0	44.7	43.0	38.5	18.0	20.4
40歳代	26.0	44.3	42.0	38.9	22.0	16.8
50歳代	25.0	36.4	30.0	41.0	28.0	15.3
60歳代	15.0	26.4	22.0	26.2	27.0	23.6

注：2020年1月調査は，全国の20歳代から70歳代の男女2,000
　　人を対象としたインターネットによるアンケート調査。
（資料：日本政策金融公庫「消費者動向等調査」（2020年1月
　　調査および2013年度上半期消費者動向調査）を基に
　　農林水産省作成）

た安全性や有効性に関する基準などに従って食品の機能を表示している。な
お，機能性表示食品は，2015（平成27）年の食品表示法の施行時に保健機能食
品に追加されたもので，わずか5年ほどの間に市場を大きく拡大させている。

　②　介護食品市場　　介護食品と呼ばれる高齢者向け食品市場が，高齢者人
口の増加を背景に拡大している。高齢者向け食品とは，流動食，やわらか食，
栄養補給食，水分補給食，とろみ調整食品等の高齢に伴う身体機能（咀嚼機
能，嚥下機能等）の変化に対応した食品である。富士経済の調査によると，
2019（令和元）年の市場規模（メーカー出荷ベース）は，施設向け1,525億円，在
宅向け166億円の計1,691億円（見込み）で，2025年には2,046億円に拡大すると
予測している。その背景として，施設向けでは慢性的な人手不足により調理の
簡略化需要が高まっており，近年は人件費などの総合的なコストを考慮し，加
工度が高く提供しやすい，また栄養価値が高いなどの高単価・高付加価値商品
の採用が進んでいることをあげている。また在宅向けでは，流動食，やわらか
食，栄養補給食が急伸すると予測している[2]。

　なお，超高齢社会の到来を踏まえ，2013（平成25）年から農林水産省が中心
となり，厚生労働省，消費者庁などと連携し，介護食品市場の拡大を通じて国

民の健康寿命の延伸に貢献することについて検討が進められた。医療，介護関係者，食品メーカー，流通などの関係者を交えて意見交換を行う中で，これまで介護食品と呼ばれてきた食品の範囲を整理し，2015（平成27）年に**スマイルケア食**として新しい枠組みを取りまとめている。スマイルケア食は，噛むこと・飲み込むことに問題はないものの健康維持上栄養補給が必要な人向けの食品に「青」マーク，噛むことが難しい人向けの食品に「黄」マーク，飲み込むことが難しい人向けの食品に「赤」マークを表示し，それぞれの状態に応じた介護食品の選択に寄与している。以上のような国の取り組みも，介護食品市場の拡大に影響を与えていると考えられる。

③　**宅配市場**　　矢野経済研究所によると，**食品宅配**の市場は，2018（平成30）年度の市場規模が2兆1,399億円，2023年度は推計で2018年度比113.0％の2兆4,172億円に達するという。食品宅配市場で最も普及している事業は生協による宅配事業（個配）であるが，その他にネットスーパー，外食チェーン・ファストフード宅配，食材（惣菜）宅配，在宅配食サービスなどがあり，高齢者世帯の増加，働く女性の増加を背景に近年堅調な伸びを示している。今後もこれらの世帯を中心に日常的な利用が加速し，生活に不可欠なサービスとして定着することが予想される。さらに最近は，商品の配達業務のみを請け負う宅配代行業者の利用も増加しており，今後の動向が注目される。

なお高齢者層については，近年の在宅高齢者の増加により，きめ細やかなニーズに対応して弁当を直接届ける病者・高齢者食宅配の需要が高まっている。またミールキット（レシピと調理に必要な人数分のカット済み食材や調味料などのセット）の主要なユーザー層は，子育て・共働き世帯であるが，最近は高齢・単身世帯の需要も高まっている。

④　**移動販売市場**　　わが国では，高齢化や単身世帯の増加，地元小売業の廃業，既存商店街の衰退，高齢による運転免許の返納等により，過疎地域のみならず都市部においても，食料品の購入や飲食に不便や苦労を感じる人（いわゆる「買物弱者」「買物難民」）が増加している。その解決方法としては，食料品を直接自宅に届ける「宅配」の利用や，自治体などが自宅から小売店までの

「移動手段を提供・支援」する方法のほか，トラック等に食料品等を積載し地域に移動して販売する**移動販売**があげられる。高齢者にとって移動販売は，品物の選択を楽しむことができ，また買物をする際に人との交流があるという点も魅力であり，国も有効な買物支援対策としている。

　移動販売は，以前から近隣店舗が撤退した中山間地域で展開されてきたが，現在は全国的に取り組みが広がっており，都市部においては大手流通業者による**移動スーパーマーケット**や移動コンビニの展開もみられる。また徳島県でトラック2台から始めた移動スーパー事業者が，地元スーパーマーケット，個人事業主，本部の3者が協力し移動スーパーを運営するビジネスモデルを確立し，わずか8年ほどでトラック約500台，全国47都道府県で事業を展開するまでに至った例もある。高齢化がさらに進む中で，各地域のスーパーマーケットにとっても高齢者に商品を届ける方法として重要な機能となる可能性を秘めており，さらなる移動販売市場の拡大も予測される。

　⑤　**ペットフード市場**　　近年，ペットは飼い主にとって家族同然の存在である「コンパニオンアニマル（伴侶動物）」とも呼ばれるようになり，高齢者にとっても重要なパートナーとなっている。

　以前は多くの人が犬を飼育し，ペットフードも犬用のものが中心であったが，近年，飼い主の高齢化で散歩ができない，集合住宅での飼育禁止または小型犬の室内飼育のみなど，さまざまな条件が重なったことで犬が減少傾向，猫は横ばい傾向が続き，ペットフードの出荷量は減少している。しかしペットフードの市場規模（全部門）は，2018（平成30）年度は約3,024億円，10年前の2008（平成20）年度が約2,698億円，20年前の1998（平成10）年が約2,298億円であったことを考慮すると，市場規模は上昇傾向にある[3]。

　その背景として，ペットの高齢化に伴う，ペットの健康に関する飼い主の意識の高まりがあげられる。2019（令和元）年の犬の平均寿命は14.44歳，猫の平均寿命は15.03歳（ペットフード協会統計資料より）であり，1980年代の犬猫の平均寿命3～4歳，1990年代では10歳前後[4]に比較して急激な伸びを示しており，7歳以上は高齢期とされる犬・猫のどちらも，約半数以上は高齢期となっ

ている。これに対応して，高齢ペットに向けた食べやすいジェル状のペット
フードや，不足しがちな栄養分を追加する製品，さらにはおやつなどが市場に
出回るようになった。このような，高付加価値・高価格帯のペットフード（プ
レミアムペットフード）が伸びていることが，市場規模拡大につながっている。
プレミアムペットフードの市場規模は，今後も拡大すると予想される。

4）育児用食品市場

　日本ベビーフード協議会はベビーフードを，「乳児（1歳未満の児）」および
「幼児（生後1歳から1歳6か月頃までの児）」の発育に伴い，栄養補給を行うと
ともに，徐々に一般食品に適応させることを目的とした食品，と定義している[5]。
市販されているベビーフードはおよそ500種類以上あり，大きく分けると，水
や湯を加えて食べられる「ドライタイプ」と，調理完成品としてそのまま食べ
られる「ウェットタイプ」の2つがあり，後者の形態としては瓶詰やレトルト
がある。またベビーフードの食材には，「米」「パン」「うどん」「ポテト」など
の穀類やいも類，その他魚介類や肉類，野菜，果物など，さまざまなものが使
われ，調理形態も発育度合いに合わせた製品が市販されている。

　わが国では，ベビーフードは1950年代から市販されているが，大きく市場が
成長したのは1990年代であった。その背景には，女性の社会進出，核家族化等
の環境変化により母親の価値観が変化し，それに伴いベビーフード製品も簡便
性，栄養価，衛生面等で大きく向上したことがある。なお，厚生省（現・厚生
労働省）が1985（昭和60）年に実施した乳児栄養調査では，ベビーフードの使
用状況について「ほとんど使用しなかった」が51.8％を占めていたが，10年後
の1995（平成7）年の乳児栄養調査では，「よく使用した」「時々使用した」が
66.0％を占め，この10年間でベビーフードに対するかなりの意識変化があった
ことがうかがえる。2000年代以降の市場規模は微増傾向ではあるが，出生数が
減少し少子化が進む一方でベビーフード市場は伸びている状況で，2009（平成
21）年のベビーフード市場が235億5,876万円なのに対し，10年後の2019（令和
元）年には301億9,438万円となっている。

2．消費者の食品消費の変化

（1）品目別食品消費の変化

1）食品の摂取量の変化

　農林水産省「食料需給表」より，日本人の1人1日当たりの供給熱量の推移と，国民1人当たり供給純食料の推移を見ると，供給熱量は1996（平成8）年の2,670kcalをピークに減少しはじめ，近年は2,400kcal台で横ばい傾向にある（図1-4）。また食品別の供給純食料の推移を見ると，穀類が減少し，畜産物（肉，卵，乳製品），油脂類が増加していることがわかる（表1-4）。

2）主要食品の消費の変化

　①　穀　　類　　総務省「家計調査」から穀類の1世帯当たりの年間消費量の推移を見ると，主食の米類が長期的な減少となっているため，穀類全体の消費量が減少傾向にあることがわかる（図1-5）。パン類，めん類は2000（平成

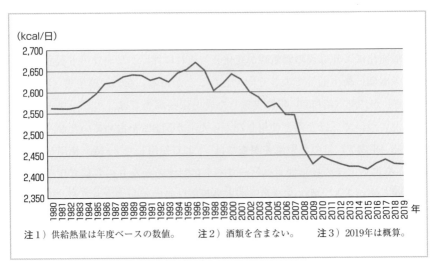

図1-4　国民1人1日当たりの供給熱量の推移
（資料：農林水産省　食料需給表　2019）

表1-4　国民1人・1年あたり供給純食料の推移　　（単位：kg）

		1965年	1975年	1985年	1995年	2005年	2010年	2015年	2019年(概算)
穀類		145.0	121.5	107.9	102.0	94.6	93.4	88.8	86.9
	うち米	111.7	88.0	74.6	67.8	61.4	59.5	54.6	53.0
	うち小麦	29.0	31.5	31.7	32.8	31.7	32.7	32.8	32.3
いも類		21.3	16.0	18.6	20.7	19.7	18.6	19.5	20.1
でんぷん		8.3	7.5	14.1	15.6	17.5	16.7	16.0	16.4
豆類		9.5	9.4	9.0	8.8	9.3	8.4	8.5	8.8
野菜		108.1	110.7	111.7	106.2	96.3	88.1	90.4	90.0
果実		28.5	42.5	38.2	42.2	43.1	36.6	34.9	34.2
肉類		9.2	17.9	22.9	28.5	28.5	29.1	30.7	33.5
鶏卵		11.3	13.7	14.5	17.2	16.6	16.5	16.9	17.5
牛乳・乳製品		37.5	53.6	70.6	91.2	91.8	86.4	91.1	95.4
魚介類		28.1	34.9	35.3	39.3	34.6	29.4	25.7	23.8
砂糖類		18.7	25.1	22	21.2	19.9	18.9	18.5	17.9
油脂類		6.3	10.9	14	14.6	14.6	13.5	14.2	14.4

注）供給純食料とは，最終消費された食料重量から通常の食習慣において廃棄される部分（魚の骨や頭，果実の皮や芯など）を差し引いた可食部分のこと。ただし，ここには家庭での食べ残しや手つかずで廃棄された食料等の可食量も含まれており，必ずしも国民によって実際に摂取された食料の量ではない。

（資料：農林水産省　食料需給表）

12) 年以降わずかに増加した後に横ばいである。

　②　**野菜・果実**　　表1-4から，国民1人・1年当たりの野菜の供給純食料は，近年は横ばい状態であるが，1985（昭和60）年と比べて2019（令和元）年では約2割減少していることがわかる。厚生労働省「平成30年　国民健康・栄養調査」においても，野菜の摂取量について，最近は有意な増減はみられないと指摘している（図1-6）。年齢階級別では，20～40歳代で少なく，60歳以上で多い傾向となっているが，どの年代も日本人の1日の野菜摂取目標量（350g）には達していない（表1-5）。また果実は，1970年代から1990年代にかけて大きく減少し，その後は横ばい，もしくは減少となっている（図1-6）。

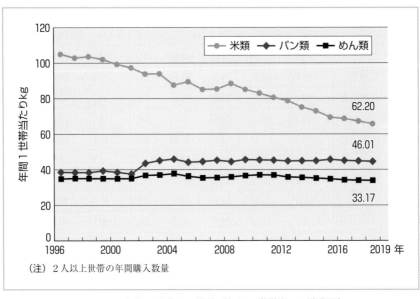

図 1 - 5　穀類の消費量の推移（年間 1 世帯当たり消費量）

（資料：総務省　家計調査　2019）

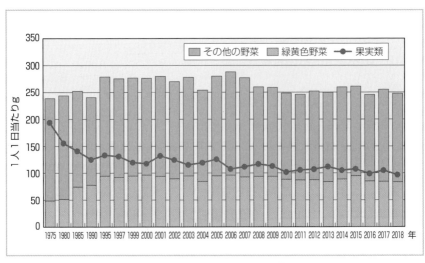

図 1 - 6　野菜・果実の摂取量の推移

（資料：厚生労働省　平成30年国民健康・栄養調査結果の概要　2020）

③　**魚介類および畜産物**　　図１-７が示すように，2005（平成17）年まで
は魚介類の摂取量が肉類を上回っていたが，2009（平成21）年以降に逆転し，
その後，差が広がっている。乳類は2001（平成13）年以降減少し，2008（平成
20）年より増加傾向となっている。卵類は，安定した摂取量で推移している。
　年齢別食品群別摂取量について表１-５から見ると，魚介類では年齢が高い
ほど摂取量が多く，肉類では15～19歳の摂取量が最も多く年齢が高くなるほど
少なくなり，乳類は７～14歳が非常に多く20～40歳代が少ないなど，年齢によ
る差がある。しかし卵類の摂取量には，年齢別の大きな差はみられない。

表１-５　食品群別摂取量（１歳以上，年齢階級別）

（g，１人１日当たり平均値）

	総数	1～6歳	7～14歳	15～19歳	20～29歳	30～39歳	40～49歳	50～59歳	60～69歳	70歳以上
穀類	415.1	257.1	427.0	535.0	457.2	458.7	443.4	418.6	403.8	390.2
いも類	51.0	39.8	58.4	55.0	51.8	48.0	41.3	50.5	54.8	54.5
砂糖・甘味料類	6.4	3.8	5.8	6.3	5.4	5.9	6.2	6.2	7.4	7.3
豆類	62.9	35.6	51.8	48.8	51.9	57.0	57.9	66.0	74.7	73.0
種実類	2.4	0.6	1.4	1.2	1.3	1.7	2.5	2.9	3.3	3.0
野菜類	269.2	144.2	234.1	256.7	250.5	250.4	251.7	276.5	304.9	304.5
緑黄色野菜	82.9	48.7	65.9	73.7	68.8	77.0	76.3	77.4	95.2	101.9
果実類	96.7	90.5	72.8	62.1	49.9	54.9	54.8	73.3	126.0	155.7
きのこ類	16.0	7.3	12.3	13.8	14.3	14.9	14.3	16.6	20.4	18.1
藻類	8.5	4.9	6.7	7.4	6.8	7.2	8.2	7.6	10.1	10.8
魚介類	65.1	29.9	43.8	49.3	46.2	55.7	53.0	67.6	85.4	82.3
肉類	104.5	60.4	109.0	165.1	146.2	126.1	122.3	116.7	95.1	73.8
卵類	41.1	22.2	34.3	53.5	39.9	38.3	40.9	44.2	46.8	41.4
乳類	128.8	189.2	303.1	124.2	89.9	89.4	85.3	104.4	123.7	127.8
油脂類	11.0	6.1	9.7	13.4	11.8	12.5	12.3	12.4	11.5	9.6
菓子類	26.1	25.0	34.4	29.0	25.4	26.4	23.9	22.3	27.5	25.5
嗜好飲料類	628.6	240.1	324.6	471.5	576.5	666.0	660.8	792.0	750.2	645.7
調味料・香辛料類	60.7	30.5	53.7	60.6	62.8	63.3	60.7	63.4	67.2	62.2

（資料：厚生労働省　平成30年国民健康・栄養調査結果の概要　2020）

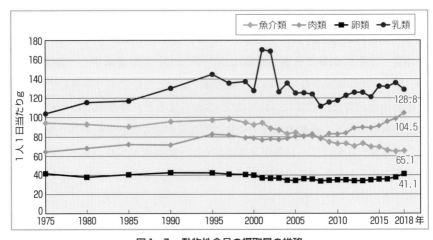

図1-7　動物性食品の摂取量の推移
（資料：厚生労働省　平成30年国民健康・栄養調査）

表1-6　嗜好飲料類・菓子類の摂取量の推移（全国，1人1日当たり平均値）

（単位：g）

年	2011	2012	2013	2014	2015	2016	2017	2018
菓子類	25.2	26.7	26.7	26.4	26.7	26.3	26.8	26.1
嗜好飲料類	632.2	603.9	605.0	597.9	788.7	605.1	623.4	628.6
（アルコール飲料）	100.7	102.1	101.0	107.9	104.5	99.1	100.2	101.3
（その他の嗜好飲料）	531.6	501.8	504.0	490.0	684.2	506.0	523.2	527.3

（資料：厚生労働省　平成30年国民健康・栄養調査結果の概要　2020）

④　嗜好食品の多様化　　　嗜好品とは，栄養分として直接必要ではないが，味覚，触覚，嗅覚，視覚などに快感を与えるもので，茶・コーヒー類，酒類，清涼飲料，菓子などを指す。表1-6から嗜好飲料類・菓子類の摂取量を見ると，突発的に伸びている年もあるが，摂取量には基本的に大きな変化はない。

　しかし消費者の様々なニーズに対応し，企業が新しい商品を提案することで，嗜好食品の多様化が進んでいる。特にスイーツ類の多様化が目覚ましく，贈答・土産やハレの日需要はもちろん，日常的な自家消費が広がり，スーパーマーケットやコンビニエンスストアなどの品揃えが充実している。

（2）栄養バランスから見た食品消費の変化

私たちは食物を摂取することで，たんぱく質，脂質，炭水化物，ビタミン，ミネラルなどの栄養素を得ている。これらのうち，たんぱく質（protein），脂質（fat），炭水化物（carbohydrate）の三大栄養素から，どのようなバランスでエネルギーを摂取しているかを表す指標としてPFC比率がある。表1-7に，日本におけるPFC比率の変化を示した。望ましい割合として，たんぱく質エネルギー（P）は12〜15％，脂質エネルギー（F）は20〜25％，炭水化物エネルギー（C）は60〜68％とされている。

わが国の食品消費は戦後大きく変化したが，特に顕著な現象としては，米の消費減等により炭水化物摂取が減少した一方，畜産物や油脂の消費増等により脂質摂取が大幅に増加したことがあげられる。これについては，PFC比率の変化にも表れている。表1-7を見ると，1960（昭和35）年は炭水化物の摂取比率が高く，脂質の比率が低くなっているが，徐々に炭水化物の比率が下がり，1980（昭和55）年頃には，ほぼ適正な栄養バランスが実現している。しかしその後も米の消費減や畜産物・油脂の消費増が継続したことで，栄養バランスの崩れが生じ，近年は脂質の摂取過剰と米等の炭水化物の摂取不足が指摘されている。

（3）加工食品の増加

1）食品消費の変化と加工食品

表1-1（p.3）では，1980（昭和55）年以降の飲食料の最終消費額における生鮮品等，加工食品，外食それぞれの支出割合を示しているが，1980年と2015（平成27）年の変化を見ると，生鮮品等は28.6％から16.9％に低下しているのに対し，加工食品は43.6％から50.5％，外食は27.9％から32.6％に上昇

表1-7 日本におけるPFC比率の変化
（供給熱量ベース）（単位：％）

	たんぱく質(P)	脂質(F)	炭水化物(C)
1960年	12.2	11.4	76.4
1970年	12.4	20.0	67.6
1980年	13.0	25.5	61.5
1990年	13.0	27.2	59.8
2000年	13.1	28.7	58.2
2010年	13.0	28.3	58.6
2015年	12.9	29.5	57.6

（資料：農林水産省 食料需給表）

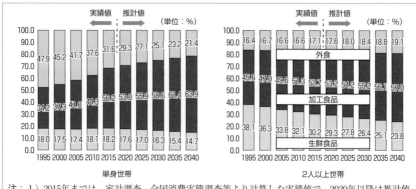

図1-8　生鮮，加工食品，外食別の食料支出構成割合
（資料：農林水産省　我が国の食料消費の将来推計（2019年版））

注：1）2015年までは，家計調査，全国消費実態調査等より計算した実績値で，2020年以降は推計値。
　　2）生鮮食品は，米，生鮮魚介，生鮮肉，牛乳，卵，生鮮野菜，生鮮果物の合計。加工食品は，生鮮食品と外食以外の品目。

しており，加工食品だけで約半数を占めていることがわかる。

　また，農林水産省「我が国の食料消費の将来推計（2019年版）」によると，内食から中食への食の外部化が一層進展し，食料支出の構成割合が生鮮食品から付加価値の高い加工食品にシフトすると見込まれ，特に今後シェアが高まる単身世帯で，外食，生鮮食品からの転換により，加工食品のウェイトが著しく増加すると予測している[6]（図1-8）。

2）家庭における調理済み食品の普及

　加工食品の種類は，水産練り製品・肉加工品・乳加工品・嗜好食品・調味料・菓子類・冷凍食品・レトルト食品・缶詰食品・インスタント食品など多岐にわたる。家庭内食において加工食品の利用が増える要因には，調理の手間の軽減，調理時間の短縮などがあるが，これらのニーズは，調理済み食品などの開発を促進し，特に冷凍食品やレトルト食品の需要を大きく伸ばしてきた。

　冷凍食品は1970年代以降，次第に普及し2005（平成17）年頃までに急速に増加した（図1-9）。その後，停滞ないし減少した時期もあったが，最近は微増傾向にある。冷凍食品の生産量の増加を品目別に見ると，多くは調理冷凍食品

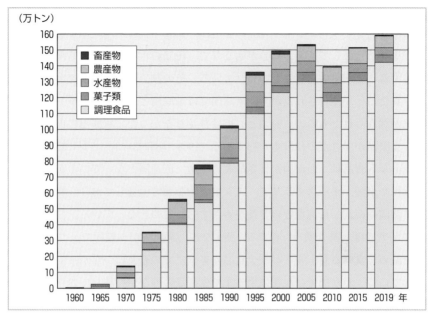

図1-9　冷凍食品の国内生産数量の推移
(資料：日本冷凍食品協会調べ)

(フライ類，米飯類，その他の調理品）の増加によるものである。ちなみに2019
(令和元）年の冷凍食品の売り上げ上位5品目を見ると，1位：うどん，2位：
コロッケ，3位：炒飯，4位：ギョーザ，5位：ハンバーグの順である[7]。

　また，日本冷凍食品協会の「"冷凍食品の利用状況"実態調査」（2020（令和
2）年2月実施分，25歳以上対象）によると，冷凍食品を利用する頻度は，「ほ
とんど又はまったく使わない」は17.6%で年々減少し，利用率は増加傾向にあ
る。また冷凍食品の魅力は，男女とも「おいしい」が着実に増加（女性：2016
年32.2%→2020年54.9%，男性：2016年37.4%→2020年54.4%）している。さらに自
宅介護をしている人の冷凍食品利用率は，週2～3回以上が半数とかなり高い
傾向があると報告されている。超高齢社会を迎えたわが国において，さらなる
普及の可能性を秘めている。

　レトルト食品とは，レトルト（高圧釜）により120℃・4分以上の高温・高

圧で殺菌されたパウチ（袋状のもの），または成形容器（トレー状など）に詰められた食品をいう。レトルト食品の歴史は，1950年代に米国陸軍が缶詰に代わる軍用携帯食として開発したのが始まりで，缶詰の重さや空き缶処理の問題を改善することが狙いだったといわれている。その後，アポロ計画で宇宙食に採用されたことで注目されたが，欧米諸国では家庭用としてのレトルト食品の実用化が試みられたものの，商品としては普及しなかった。家庭用に市販されるような製品ができたのは日本が初である（1968（昭和43）年，カレー製品）。

　レトルト食品は，わが国が世界最大の生産，流通国となっているが，海外では欧州や米国，オーストラリア，アジア諸国などで流通しており，特に東南アジア諸国や韓国，台湾などの普及がめざましいものとなっている。日本も含めてアジアでは，湯を使う（ゆでる，蒸すなど）調理法が一般的で，このことが湯で温めて食べるレトルトパウチ食品のアジアでの普及につながっているといわれている。わが国では現在に至るまで生産量の伸びが持続しており，特にカレー製品がシェアの約40%を占めている（表1-8）。それに続くのが，「つゆ・たれ」49,713t，「料理用調味ソース」45,003t，「パスタソース」31,854t（いずれも2019（令和元）年の内容重量）となっている[8]。

　レトルト食品は包装形態から，レトルトパウチ食品，レトルト容器食品，レトルトパック食品の3つに分けられるが，レトルトパウチ食品が製品の種類や生産量も多く主流であり，平袋とスタンディングパウチタイプが流通している。

3）技術開発

　先にも述べたように，加工食品の利用が増加した要因は，商品の特性である保存性

表1-8　レトルト食品生産数量の推移　（単位：トン）

年	全体	カレー	カレーの割合
2010	326,569	148,738	46%
2011	333,543	149,983	45%
2012	354,697	144,941	41%
2013	360,562	147,010	41%
2014	367,647	147,303	40%
2015	362,560	145,483	40%
2016	364,368	153,185	42%
2017	374,597	156,245	42%
2018	379,521	161,711	43%
2019	383,200	163,872	43%

（資料：日本缶詰びん詰レトルト食品協会資料）

が高いこと，人々の利便性，簡便性へのニーズが高いこと，さらに最近ではおいしさが向上していることなどがあげられるが，その陰には多くの技術開発があったことはいうまでもない。その中でも特筆すべきは，冷凍技術の進歩により，素材食品から調理品，米飯類まで多様な冷凍食品が開発されてきたことである。特にフリーズドライ**製法**は，加工食品の発展に大きな影響を与えた。

　フリーズドライ製法は，凍結させた食品を真空状態に置き，水分を昇華させ乾燥させる技術で，これにより酵素や微生物の作用を抑制し，常温で長期保存を可能にしている。もともとは救急医療の分野で輸血用の血液を遠隔地の病院に運ぶために開発され，医薬品類を中心に発達したが，日本の食品分野では1960年代から少しずつ利用が始まった。この技術開発により，インスタントコーヒーの普及に寄与したほか，1970年代に発売された即席めんの具材で利用され，フリーズドライの生産規模は爆発的に広がっていった。

　また原材料面では，ブドウ糖と果糖を主成分とする液状糖である**異性化糖**の開発普及がある。日本農林規格（JAS）では，「異性化液糖」と，異性化液糖の糖量を超えない量の砂糖を加えた「砂糖混合異性化液糖」に大別している。また異性化液糖は，果糖含有率が50％未満の「ブドウ糖果糖液糖」，50％以上90％未満の「果糖ブドウ糖液糖」，そして90％以上のものを「高果糖液糖」とし，食品表示にはこれらの名称が記載されている。異性化糖の価格は安く，清涼飲料・パン・缶詰・乳製品などの広い分野で多く使われている。また低温で甘味度が増し，清涼感も強くなることから，冷菓にも広く用いられている。

　さらに，密閉容器内の酸素を吸収して脱酸素状態（酸素濃度0.1％以下）として酸化を防ぐことができる**脱酸素剤**の技術が向上し，食品包装の際に広く利用されるようになった。これにより，賞味期限の延長を可能としている。

（4）食品の価格と食品消費

1）食品の価格決定

　売り手と買い手が出会い売買取引が発生する場が市場であり，価格はその市場で決定される。一般に，ある商品の需要量は価格が上昇すると減少する。こ

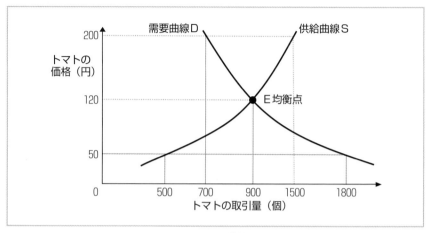

図1-10　需要と供給の一致
（資料：茂野隆一他編　新版食品流通　実教出版　2014）

れをグラフに表すと右下がりの曲線（需要曲線）となる。逆に供給量は価格が
上昇すると増加し，右上がりの曲線となる（供給曲線）。

　図1-10は，トマトの生産農家（供給者側）の供給量を示す供給曲線と消費
者（需要者側）の購入量を示す需要曲線を表している。例えば価格が50円のと
き，トマトの取引量の需要は1,800個であるが，供給は500個であり，トマトが
不足している状態である。その不足部分を**超過需要**と呼び，超過需要が起きて
いる状況の場合，価格は上昇する。一方，価格が200円のとき，トマトの取引
量の需要は700個であるが，供給は1,500個であり，トマトが余る状態となる。
その余剰部分を**超過供給**と呼び，超過供給が起きている状況の場合，価格は下
落する。市場経済においては，この価格の上下によって需要量と供給量が調整
され一致するところを均衡点といい，そのときの価格を**均衡価格**（図1-10の場
合は120円）という。このように商品の価格が変化することで，需要と供給が
等しくなるように調整される仕組みのことを**価格メカニズム**いう。

2）食品の所得弾性値，価格弾性値

　経済学において，所得と需要の関係性，また価格と需要の関係性を考えると
き，これらの関係を**需要の所得弾力性**，**需要の価格弾力性**という分析手法用い

て測定する。需要の所得弾力性，需要の価格弾力性は，次の計算式を用いて算出され，その値は需要の所得弾性値，需要の価格弾性値という。以下は，需要の所得弾性値の計算式である。

需要の所得弾性値＝（需要量の変化率）／（所得の変化率）

変化率というのは当初の数値から変化後の数値が何％増減したかというのを表しており，つまり需要の所得弾力値とは，所得が1％変化したときに需要が何％変化するかを示している。所得弾性値が正の値をとるとき，その商品は正常財と呼ばれ，所得が増えることによって需要量が増えることを示している。また所得弾性値が負の値をとるとき，その商品は劣等財あるいは下級財といわれ，所得が増えることで逆に需要が減ってしまうことを意味している。

一方，需要の価格弾性値は，次の計算式を用いる。

需要の価格弾性値＝－（需要量の変化率）／（価格の変化率）

需要の価格弾性値は，価格が1％変化したときに需要が何％変化したかを表し，一般に価格が上がれば需要は下がるというマイナスの関係にあるため，あらかじめマイナスの符号をつけることで算出される数値をプラス（絶対値）とする計算式となっている。例えば，ある店で1個200円のリンゴが100個売れていたが，220円に価格が10%上がったため5％減の95個しか売れなくなったとすれば，リンゴの価格弾性値は0.5（＝5％／10%）ということになる[9]。

この値が1より大きいと「弾力性が大きい」（弾力的）といい，1より小さいと「弾力性が小さい」（非弾力的）という。価格弾力性が大きいと，価格が変わると需要が大きく変化するが，価格弾力性が小さい場合は，価格を変更してもほとんど需要は変化しない。通常，食品は生活必需品であり，需要の価格弾力性が小さく非弾力的であることが多い。

3）消費税の軽減税率

2019（令和元）年10月，消費税が8％から10％へ引き上げられたのと同時に軽減税率制度が導入され，軽減税率対象品目である「酒類及び外食を除く飲食

料品」については税率が8％となった[10]。なお，飲食料品とは，食品表示法に規定する食品（人の飲用または食用に供されるもの）をいい，一定の要件を満たす一体資産（食品と食品以外の商品とが一体として販売されるもの）も含む。また，ケータリング等は，軽減税率の対象品目には含まれないが，有料老人ホームでの飲食料品の提供や学校給食は含まれる。図1-11は，軽減税率の対象品目となる飲食料品の全体像である。

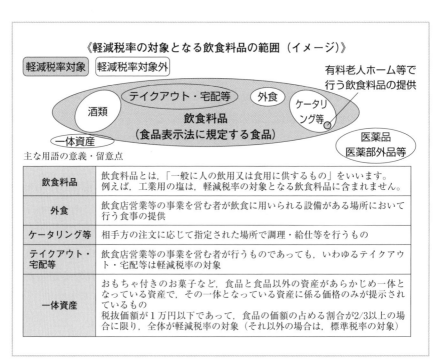

図1-11　軽減税率の対象品目となる飲食料品
（資料：国税庁パンフレット　2016）

3．食生活の多様化

（1）社会的要因

　現代の食生活は，実に多様である。それは，私たちの生活が多様化しているからでもある。その多様化は，どのような要因が作用した結果としてもたらされているのであろうか。以下に，その社会的な要因として，「家族形態の変化」と，「食品産業による供給形態の多様化」について取り上げる。

1）家族形態の変化

　20世紀の前半までは，家族生活は大家族形態を基本としていた。同じ屋根の下に多くの親族やときには親族以外も一緒に居住し，生活を共にするスタイルであった。20世紀後半になると，こうした家族形態が大きく変化していく。

　まずは，両親とその子どもだけで構成される核家族化の伸展である。1950年代後半から1970年代初頭の経済の高度成長は，都市部等に新規労働力需要を喚起して，全国の地方農村から若年層を中心にして大規模な人口移動をもたらした。この過程で，大家族に属していた若者は都市に移住，やがて結婚して子どもを生み育てることで核家族となっていった。

　さらに高度経済成長の終わりの頃からは，婚姻する年齢が上昇するようになり，結婚しないまま年齢を重ねる人も増加した。さらには結婚しても子どもを生まないカップルも増えていった。その結果，単身生活者，2人暮らしの家族といった家族の最小規模化が伸展しているのである。これについては，表1-9からも確認できる。さらに最近では，高齢者の単身世帯，高齢夫婦のみの世帯が増えている。以上により，日本の世帯数は増加する一方，1世帯当たりの家族人数が減少の一途をたどっている。2019（令和元）年，1世帯当たりの人数は2.39人となっている（図1-12）。

　なお，表1-10は，家族人数別の1人当たり食料品目別支出額を示している。各品目は世帯人数が増えるほど食料支出の1人当たりの金額が下がり，食料費における家族規模による経済の作用を確認することができる。また世帯人数1

表1-9 世帯構造別世帯数および平均世帯人員の年次推移

| 年 | 総　数 | 世　帯　構　造 | | | | | | 平　均世帯人員 |
		単独世帯	夫婦のみの世帯	夫婦と未婚の子のみの世帯	ひとり親と未婚の子のみの世帯	三世代世　帯	その他の世帯	
	推計数（単位：千世帯）							（人）
1986	37,544	6,826	5,401	15,525	1,908	5,757	2,127	3.22
1995	40,770	9,213	7,488	14,398	2,112	5,082	2,478	2.91
2001	45,664	11,017	9,403	14,872	2,618	4,844	2,909	2.75
2007	48,023	11,983	10,636	15,015	3,006	4,045	3,337	2.63
2016	49,945	13,434	11,850	14,744	3,640	2,947	3,330	2.47
2019	51,785	14,907	12,639	14,718	3,616	2,627	3,278	2.39
	構成割合（単位：%）							・
1986	100.0	18.2	14.4	41.4	5.1	15.3	5.7	・
1995	100.0	22.6	18.4	35.3	5.2	12.5	6.1	・
2001	100.0	24.1	20.6	32.6	5.7	10.6	6.4	・
2007	100.0	25.0	22.1	31.3	6.3	8.4	6.9	・
2016	100.0	26.9	23.7	29.5	7.3	5.9	6.7	・
2019	100.0	28.8	24.4	28.4	7.0	5.1	6.3	・

注：1）1995（平成7）年の数値は，兵庫県を除いたものである。
　　2）2016（平成28）年の数値は，熊本県を除いたものである。
（資料：厚生労働省　2019年国民生活基礎調査結果の概要　2020）

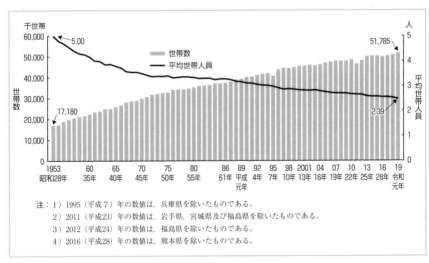

注：1）1995（平成7）年の数値は，兵庫県を除いたものである。
　　2）2011（平成23）年の数値は，岩手県，宮城県及び福島県を除いたものである。
　　3）2012（平成24）年の数値は，福島県を除いたものである。
　　4）2016（平成28）年の数値は，熊本県を除いたものである。

図1-12　世帯数と平均世帯人員の年次推移
（資料：厚生労働省　2019年国民生活基礎調査の概要　2020）

表1-10　世帯人数別の食料支出

	1人	2人	3人	4人	5人	6人〜
エンゲル係数（％）	24.6	25.9	25.4	24.7	26.6	30.0
食料支出（1人あたり円）	40,331	33,263	25,690	20,950	18,318	17,101
穀類	2,581	2,667	2,156	1,835	1,725	1,550
副食	10,715	13,437	9,850	7,608	6,639	6,732
嗜好品	9,229	7,840	5,664	4,378	3,914	3,546
調理食品	6,616	4,580	3,684	2,852	2,376	2,328
外食	11,060	4,739	4,336	4,278	3,664	2,945
食料支出（1人あたり指数）	100.0	82.5%	63.7%	51.9%	45.4%	42.4%
穀類	100.0	103.3%	83.5%	71.1%	66.8%	60.0%
副食	100.0	125.4%	91.9%	71.0%	62.0%	62.8%
嗜好品	100.0	84.9%	61.4%	47.4%	42.4%	38.4%
調理食品	100.0	69.2%	55.7%	43.1%	35.9%	35.2%
外食	100.0	42.8%	39.2%	38.7%	33.1%	26.6%

（注）1人当たり食料支出に換算，6人以上は6人で換算。
　　　副食：魚介類，肉類，乳卵類，野菜・海藻類，油脂・調味料
　　　嗜好品：果実，菓子類，飲料，酒類
（資料：総務省　家計調査　2019）

人（単身世帯）の外食支出，調理食品支出は2人以上に比べて格差が大きくなっており，これらの世帯が食の外部化を促進させていることがうかがえる。

　このような単身世帯・2人世帯の増加などの家族形態の変化（家族規模の縮小と世帯数の増加）は，食品選択に個々の嗜好が強く反映されることにつながり，食生活の多様化に影響を与えている。

2）食品産業による供給形態の多様化

　家族形態や生活様式の変化は，食品産業による供給形態にも作用する。大家族が家族形態の中心であったころは，食生活も家族を単位とした内食が基本であり，食材は，自家調達や周辺の小売店から調達することが一般的であった。しかし学校給食の普及と勤務者の増加により，まず昼食が家族別々の行為となった。さらに勤務者の帰宅時間が遅くなったり不規則になったりするので，夕食時間に家族がそろうことも困難となってくる。それに伴い，家庭にあっても，家族が別々の時間に銘々の夕食をとる風景が一般化し，夕食は家族銘々で外食するということも珍しくなくなった。

こうした生活様式の変化に対応して，学校給食，給食弁当の配達，社員食堂，飲食店の出前，飲食店の店舗増，帰宅途上の居酒屋の店舗増，宅配業態の普及，持ち帰り弁当店，百貨店などの惣菜コーナーの充実，そしてコンビニエンスストアでの弁当などの大量供給など，実に多種多様な食の供給形態が社会的に整うようになった。消費者は，その時々の都合に合わせて，こうした多様な食の供給形態の中から適当なものを選択することで，食生活を満たすようになったが，単身世帯・2人世帯の増加は，よりその傾向を強めている。

　表1-11は，最終消費から見た飲食費の部門別の帰属額および構成比の推移である。30年間で，食品関連流通業が構成比を10ポイント近く伸ばし，食品製造業を上回っていることがわかる。ここからも，生活様式の変化や家族形態の変化に伴い食の供給形態が多様化していることがうかがえる。

（2）ライフスタイルの変化

　近年，少子高齢化，グローバル化などの社会変化や，女性の社会進出，晩婚化・非婚化などの社会の価値観・規範の変化により，私たちのライフスタイルは多様化している。またIT技術の普及やソーシャルメディアの発達などの社会環境の変化は，在宅勤務やフリーランスの選択を可能とし，働き方も多様化した。これらの傾向は，今後一層高まることが予想される。

　さらに内閣府「国民生活に関する世論調査」（2019（令和元）年6月）によると，「今後の生活において，特にどのような面に力を入れたいと思うか（複数回答）」という問いに対して「健康」を挙げた者の割合が66.5％と最も高くなっており，「食生活」についても4人に1人が今後の生活の力点としている（表1-12）。このようなライフスタイルの変化と人々の**健康志向**は，当然に私たちの今後の食生活の変化にも作用すると考えられる。

（3）食情報の多様化

　私たちを取り巻く**食情報**は，食生活を豊かにし，多様化させる一方で，多種多様な食情報の氾濫にはマイナスの働きがあることも指摘されている。

表1-11　最終消費から見た飲食費の部門別の帰属額の推移

(単位：10億円)

区　分	1985年	1995年	2005年	2015年
合　　計	61,652	82,455	78,374	83,846
実数 農　林　漁　業	14,457	12,798	10,582	11,274
国　内　生　産	13,056	11,655	9,374	9,677
輸入食用農林水産物	1,402	1,143	1,208	1,598
食　品　製　造　業	19,382	24,995	24,346	26,986
国　内　生　産	17,019	20,398	18,876	19,792
輸　入　加　工　食　品	2,364	4,597	5,471	7,194
食　品　関　連　流　通　業	15,916	27,587	27,868	29,482
外　食　産　業	11,896	17,075	15,577	16,104
合　　計	100.0	100.0	100.0	100.0
構成比(％) 農　林　漁　業	23.5	15.5	13.5	13.4
国　内　生　産	21.2	14.1	12.0	11.5
輸入食用農林水産物	2.3	1.4	1.5	1.9
食　品　製　造　業	31.4	30.3	31.1	32.2
国　内　生　産	27.6	24.7	24.1	23.6
輸　入　加　工　食　品	3.8	5.6	7.0	8.6
食　品　関　連　流　通　業	25.8	33.5	35.6	35.2
外　食　産　業	19.3	20.7	19.9	19.2

注：1）総務省等10府省庁「産業連関表」を基に農林水産省で
　　　推計。
注：2）2011年以前については，最新の「平成27年産業連関
　　　表」の概念等に合わせて再推計した値である。
注：3）帰属額とは，飲食料の最終消費額のうち，当該部門に
　　　帰属する額を示している。
(資料：農林水産省　平成27年（2015年）農林漁業及び関連産
　　　業を中心とした産業連関表（飲食費のフローを含む。）
　　　2020)

　食に関する情報は，家族の世代間，地域社会の関係を中心に伝授されてきた
が，情報媒体の発達により伝達対象が広く一般化し，その量，内容，また役割
も大きく変化した。20世紀の後半には，マスメデイア（新聞，雑誌，ラジオ，
テレビ）から絶えず新しい食情報が伝達されるようになり，特にテレビは，い
わゆるグルメ情報，海外の食材・料理・食事情，行事食の再構築など，あらゆ
る分野の食情報を消費者に提供するようになった。近年では，インターネット
やSNSを介して大量の食情報が提供されている。こうした電子情報の特性とし

表1-12　今後の生活の力点（複数回答：1位〜5位）

（単位：%）

	健康	資産・貯蓄	レジャー・余暇生活	所得・収入	食生活
総数	66.5	30.9	28.0	27.1	24.6
(年齢別)					
18〜29歳	44.5	47.8	34.6	53.1	28.1
30〜39歳	50.7	59.1	35.2	51.1	23.5
40〜49歳	59.7	52.0	31.8	37.5	19.8
50〜59歳	67.6	38.2	31.0	28.6	23.4
60〜69歳	77.3	17.0	29.7	18.3	28.0
70歳以上	75.7	6.1	17.8	8.1	25.5

（資料：内閣府　国民生活に関する世論調査　2019）

て，双方向での情報発信が可能であり，個人間だけでなく，企業，自治体，食品団体などから広範囲の多様な情報を手にすることができるようになった。しかしその一方で，ネット広告などによる誇大広告等も問題となっている。私たちには，多様な情報から適切な情報を選択することが求められている。

文　献

1）矢野経済研究所　拡大する健康食品市場　2020　https://www.yano.co.jp/press-release/show/press_id/2365
2）富士経済　高齢者向け食品の国内市場を調査　2020　https://www.fuji-keizai.co.jp/file.html?dir=press&file=20014.pdf&nocache
3）ペットフード協会webサイト　https://petfood.or.jp/index.html
4）須田沖夫　家庭動物（犬猫）の高齢化対策—飼育者にその死をどう受け入れさせるか—　日本獣医師会雑誌　第64巻1号　p.22　2012
5）日本ベビーフード協議会webサイト　https://www.baby-food.jp/about/
6）農林水産省　我が国の食料消費の将来推計（2019年版）　https://www.maff.go.jp/primaff/seika/attach/pdf/190830_1.pdf
7）日本冷凍食品協会webサイト　https://www.reishokukyo.or.jp/
8）同上
9）時子山ひろみ他　フードシステムの経済学（第4版）　p.24　医歯薬出版　2008
10）政府オンライン広報　消費税の軽減税率制度　https://www.gov-online.go.jp/tokusyu/keigen_zeiritsu/taisyohinmoku/naniga.html

2

食 品 の 流 通

★ 概要とねらい

　流通は，生産者と消費者との間を結び付ける一連の活動である。生産者（農業者や漁業者，あるいは製造業者など）→卸売業者→小売業者→消費者へと生産された商品が，集荷され，分化され，そして品揃えされながら，消費者の生活スタイルや使用目的に即して流通する。

　食品流通システムは，高度経済成長期には，大量生産・大量販売を行う食品製造業者（食品メーカー）が，チャネルキャプテン（流通の主導権）を握っていた。その後，流通システムの末端に位置し，消費者に日々接し，ニーズやウォンツをいち早く収集・分析できるフランチャイズチェーンでの展開を行うスーパーマーケットやコンビニエンスストアなどの小売業者が力をつけることで，チャネルキャプテンが食品メーカーから移行していくことになった。また，こうした小売業の中には，食品メーカーに代わって，新製品を開発する小売業者も登場するなど，チャネルキャプテンは「メーカー主導の流通システム」から「小売業主導の流通システム」へと転換したのである。

　さて，今日の流通業には，単に物流を担い生産者と消費者とをつなぐ基本的な機能だけではなく，消費者のニーズやウォンツを事前に収集・分析し，顧客満足度を高める商品の企画開発力やマーケティング力も求められている。そのため，積極的な商品戦略を行う部門の重要性が高まっている。

　そこで本章では，食品流通に係る基礎理論を提示した上で，生鮮食品流通や加工食品流通に係る基礎的な知識や課題を解説する。その中で，私たちの生命と健康を維持し，豊かな食生活を過ごす上で欠かせない生命線ともいえる食品流通の今後のあり方についても考えてほしい。

1. 食品流通の役割と社会的使命

(1) 食品流通の役割

1) 流通のしくみ

　流通（distribution）とは，生産者と消費者との間において介在し，乖離した生産者と消費者との間を結び付ける一連の活動を指し，図2-1で示されているように，直接流通と間接流通との2種類がある。

　前者の**直接流通**とは，Aのように，生産者と消費者とが商品や代金とを直接やり取りする形態である。その具体例としては，ファーマーズマーケットでの農業者による野菜や果物の消費者への直接販売や，製造機能を持つ小売業であるパン屋や豆腐屋などの消費者に対する直接販売が該当する。

　後者の**間接流通**とは，BからDのように，生産者と消費者との間に第三者が介在し，商品や代金をやり取りする形態である。この第三者のことを商業者あるいは流通業者といい，生産者と消費者との間を仲介している事業を商業あるいは**流通業**という。そして，商業（流通業）には，個人的最終消費者に対して商品を再販売する**小売業**と，小売業者や卸売業者，あるいは外食業者などの個人的最終消費者以外に対して商品を再販売する**卸売業**とがあり，前者の事業を

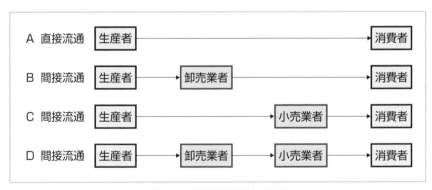

図2-1　流通経路の基本4種類

行っている者を**小売業者**，後者の事業を行っている者を**卸売業者**という。

間接流通において介在する卸売業者は，Dのように1段階だけの場合に限らず，2段階や3段階などの多段階にわたる場合もある。その事例としては，加工食品などの製造業者が各地の有力卸売業者を特約店または代理店として設定し，2段階以上の卸売業者を通じて小売業者に販売し，個人的最終消費者に再販売する形態である。また，Bのように，卸売業者から直接個人的最終消費者へとやり取りする場合もある。この場合の具体例としては，米国に本社を置くホールセールクラブ（会員制倉庫型卸売・小売）チェーンであるコストコ・ホールセール（Costco Wholesale Corporation）が該当する。

2）流通業の役割

流通の役割を果たすためには，それを遂行するための社会的な仕組みが必要となり，そのような仕組みを**流通機構**という。また，流通をシステムとして捉えた場合の概念を**流通システム**といい，生産者から消費者に至る商品の経路を**流通チャネル**あるいは**流通経路**と呼ぶ。

流通機構における流通業者の中心的な活動は仕入・販売活動（再販売活動）であり，流通業者の利益の源泉は売買差益である。この点だけを捉えてしまうと，流通業者が介在しない直接流通の方が消費者の支払う費用が少なく済むようにも考えられる。しかし，現代においては，スーパーマーケットだけでも数千点にも及ぶ商品の品揃えがなされている。そこで重要となる点としては，分業社会においては，単独で消費者の求めるアソートメント（assortment：意味ある商品の組合せ）を提供できる事業者が存在しないということである。

また，多数の生産者の商品を消費者が直接収集することは，時間的にも，労力的にも，経済的にも，心理的にも不可能といえる。さらに，消費者のニーズやウォンツは日々変化している。そのため，直接流通は一見，合理的な取引のように見えるが，多くの場合，直接流通だけでは日々の生活が成り立たない。

このように，流通業の主要な役割が品揃え機能だと理解できれば，生産者と消費者との間に流通業者が介在し，売買取引を集中して行うことによって，消費者のニーズやウォンツに合わせた商品を効率的に意味ある集合に組み換えて

いく活動（アソートメント活動）に意義があることが理解できる。そのため，消費者は生活に必要な多種多様な商品を購入するために，個々の生産者に直接訪問するのではなく，近隣の小売業者で買い物を済ませることができる。

　その一方で，生産者は商品を卸売業者あるいは小売業者に販売することで，消費者への販売活動を委ねることができる。その結果，消費者への販売に係る諸費用や過剰な在庫費用などを大幅に抑えることができる。つまり，生産者はこのような流通費用を削減することで，新商品の開発などの競争力を高める事業に，より多くの資金を投入できるようになる。そのため，流通業者へ売買を集中させることは，社会全体に係る流通費用を節約する利点があるといえる。

3）流通業の存在意義

　これまでの流通業者の役割に対する考え方は，次の3つの原理からも理論的に整理することができる。

　①　取引総数最小化の原理（マーガレット・ホールの第1原理）　　例えば，生産者の数をP，消費者の数をC，流通業者の数をMとする。その場合，図2-2が示しているように，生産者と消費者との間での直接流通の取引総数は，$P \times C$となる。これに対して，多数の生産者から商品を集荷し，消費者に意味ある商品の組合せ（アソートメント）を行う流通業者が，生産者と消費者との間

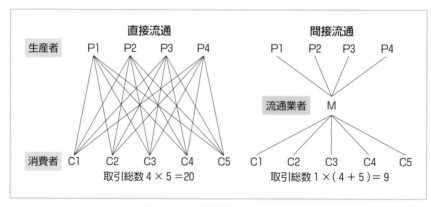

図2-2　取引総数最小化の原理

に介在し，すべての取引がこの流通業者を通じて行われるとする。その場合の間接流通の取引総数は，M×（P＋C）となる。

このようにそれぞれを比較すると，流通業者の介在による売買取引の集中は，取引数を削減することにつながり，流通費用の節約に貢献すると考えられる。そして，その効果は，生産者と消費者との数が増えれば増えるほど大きくなり，流通業者が並行的に介在する数が増えれば増えるほど低下するといえる。

② **情報縮約・整理の原理**　　流通業者は，多くの生産者が生産した商品を取り扱うことから，流通業者のもとには，各地の生産者や商品の情報が集中し，整理されることになり，それらの情報の比較を容易にする。その一方で，流通業者は再販売が可能であることを確信した商品を自らリスクを支払って仕入れている。そのため，流通業者の中間品揃えは，消費者の需要動向を反映したものとなり，その情報が集中され，整理されることにもなる。

このようなことから，生産者の供給体制と消費者の需要動向が，流通業者の品揃え活動に鏡のように正確に反映されることから，**ミラー効果**と呼ばれている。消費者は，生産者側と消費者側との情報を自ら内部で整合するので，生産者や消費者との情報収集や分析に係る探索費用が削減され，取引の効率化が図られ，流通費用を節約することができる。このような節約効果は，縮約・整合されるべき双方の情報量が多ければ多いほど大きくなる。

③ **集中貯蔵の原理（不確実性プールの原理）**　　一般的に，生産者にとって需要動向の変化は不確実性を伴う。そこで，需要の増加に対処するために，個々の生産者がある程度の在庫を保有しておく必要がある。そのような状況を考慮に入れて考えてみると，直接流通の場合には，生産者があらかじめ消費者の需要動向を見据えて在庫を持つ必要があることから，生産者自身が在庫を保有する必要がある。これに対して，間接流通の場合には，流通業者が在庫を保有することで，市場全体の流通費用が節約される。

また，卸売業が介在しない場合には，小売業は不確実な需要に備えて，それぞれ在庫を多めに持つ必要がある。例えば，図2-3のような場合には，市場全体では300個（＝100×3）の在庫を抱えることになる。その一方で，卸売業

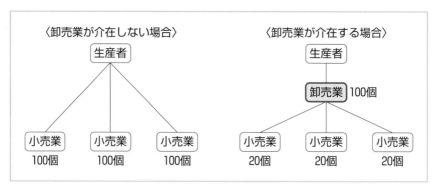

〈卸売業が介在しない場合〉　　　　　〈卸売業が介在する場合〉

図2-3　集中貯蔵の原理

が介在する場合には，不確実な需要の一部を卸売業に対応を任せられるため，市場全体では160個（＝100＋20×3）の在庫で済む。このように間接流通において卸売業が存在することでも流通費用を節約する意義が生じるのである。

（2）卸売流通の役割

1）所有権移転機能

　所有権移転機能とは，生産者から小売業などへ商品の所有権を移転する機能である。卸売業は，複数の生産者から商品を仕入れて，複数の小売業に販売することで，生産者の商品を日本全国あるいは世界各国へと広める機能を果たしている。この点は，小売業に対するアソートメント機能も同時に果たしていることになり，一般的に小売業が多数の商品を品揃えできているのは，卸売業が存在しているからである。

2）リスク負担機能

　リスク負担機能とは，卸売業が生産者から商品を仕入れて自己の責任において小売業に販売することで，生産者と消費者との在庫リスクを負担する機能である。卸売業は，生産者から商品を仕入れて，早期に代金を支払うことによって，生産者の生産活動を支援していると考えられる。さらに，小売業の販売代金を掛け売りにすることにより信用を供与して販売活動を支援している。それ

によって，生産者と小売業者との資金融通を円滑にしている。

3）情報流機能

情報流機能とは，小売業の販売データを生産者に提供する機能と，新商品や季節商品を小売業に紹介する機能の2つである。それ以外に，生産地での生産状況や価格変動に係る情報を小売業などの他の事業者に伝える機能もある。現在，世界的な人口増加による資源エネルギー需要の増大や食料需要の増大による価格高騰，そして異常気象や動植物に係る疾病による農畜産物や水産物の収穫量などの変化が大きな問題となってきている。そのため，これらのような情報を迅速に小売業などの取引先へ提供する機能の必要性が高まっている。

4）保管・配送機能

保管・配送機能とは，小売業などの他の事業者が必要な時にすぐに配送することができるように，事前に商品を仕入れて保管する機能と商品を配送する機能である。この機能は，卸売業が生産者と小売業との在庫リスクを負担する機能でもあり，リスク負担機能にも含まれる。

5）生産・加工機能

生産機能とは，卸売業自らが企画開発した商品を小売業などに提供する機能である。具体例としては，食品卸売業である食品商社の国分が「K＆K」というブランドで商品を開発していることがあげられる。

また，加工機能とは，卸売業の段階で商品に簡単な加工を行う機能である。この機能は，商品に対する値札付けや包装といった作業，あるいはお中元やお歳暮などにおいて，いくつかの生産者の商品を詰め合わせて提供する作業が含まれる。さらに，農産物の選果や選別，あるいは追熟も加工機能とされる。

（3）小売流通の役割

1）消費者に対する役割

小売業の消費者に対する主な役割とは，購買代理機能である。小売業が仲介しない場合には，消費者は生産者から直接商品を購入しなければならない。そのため，多数の商品を購入するときには，それぞれの生産者と直接取引するこ

とになり，多くの買い物費用が必要となる。この買い物費用には，交通費や時間だけではなく，肉体的疲労や心理的疲労も含まれる。前者の肉体的疲労とは，買い物に伴う移動や商品探索に伴う身体の疲れを指し，後者の心理的疲労とは，その商品がふさわしい商品であるのかという迷いや他店舗ではもっと安く売っているのではないかと考えることによる気疲れを指す。この機能によって，消費者の買い物費用が完全になくなることはないが，それを軽減する役割を果たしている。

2）生産者・卸売業に対する役割

生産者や卸売業に対する代表的な役割とは，情報伝達機能である。この機能は，消費者と直接取引する小売業者が利用しているPOSシステム（Point of Sales：販売時点情報管理システム）の利用により得られた販売情報や消費者からの要望を生産者や卸売業に対して提供することである（p.46参照）。具体的には，コンビニエンスストアの店員が，レジスターで顧客の性別と年齢層を打ち込むことにより，詳細な販売情報を把握している。さらに，顧客がポイントカードやクレジットカードなどを使って買い物をした場合には，どのような顧客がその商品を購入したのかといった，より詳細な情報を特定することもできる。このように，小売業は，生産者の代わりに消費者に商品を販売することで，生産者の販路の確保と生産に専念させる役割を果たしている。

3）地域社会における役割

地域社会における役割とは，社会全体に対して小売業が担っている役割である。その中には地域社会への貢献が含まれ，地域独自の商品を取り扱うことにより，地域の伝統産業や伝統文化を支援している。また，小売業の事業主やその家族は，地域の祭りや行事，あるいは催し事に係る中心的な役割を担うことが多いため，**地域活性化の担い手**としても貢献している。さらに，小売業は，地域の人々に対して働く場を提供する**雇用創出の役割**も果たしており，経済産業省「商業統計調査」によれば，2014（平成26）年時点で，全国で約78万店が約581万人の雇用を創出している。

（4）流通の社会的使命

　小売業は，生活関連産業の一部として，私たちの日常生活の充足に深く関わっている。そのため，小売業の本務は，商品を消費者に対して，必要なサービスを付加して，適時・適量・適価に提供すること（**マーチャンダイジング**）にある。具体的には，商品の品質と組合せ，伝達すべき情報，価格提案，立地と営業時間，快適な施設管理，付帯サービスなどにより，小売業としての魅力が高まるように，それぞれの商店が工夫を凝らしている。

　一般的に，小売業は卸売業に比べて**商圏**（商取引が行われている空間的範囲）が狭く，地域に密着した営業活動を展開している。そのため，食品や実用衣料，住関連を含む日用雑貨などを扱う中小零細の小売業では，店舗から1～1.5km（徒歩で約15～20分程度）の範囲内で，顧客の約7割を占めている特徴がある。さらに，小売商店やその集積である**商店街**は，地域社会にとっては流通の末端機能としてだけではなく，コミュニティ機能も併せ持った地域の中心的役割の一部をも担っている。また，商店街は，多様な業種や規模の店が相互に依存と競争を維持し，新陳代謝を促進させることで，商業集積全体として消費者が満足する品揃えやサービスの質を高めている。

　小売業は，こうした同業の流通業やサービス業との外部性を基礎にしながら，同時に人々の暮らしの基盤である地域社会で事業を継続することで，地域文化の伝承，治安維持への協力，都市景観の確保，雇用の創出，コミュニティ活動への参加などを通じて，「まちづくり」に大きな役割を果たしている。

2．卸売流通が必要な食品流通とその変化

（1）生鮮食品と卸売市場流通

1）卸売市場流通の役割

　食品は，一般的に生鮮食品と加工食品とに分けられる。その中でも，生鮮度が取引に影響を与え，即日取引が求められる**生鮮三品**（生鮮食品のうち，青果，鮮魚，精肉）は，主に卸売市場で取引される。そのため，卸売市場は，日本人

表 2 - 1 　卸売市場の 4 つの機能

集荷（品揃え）・分荷機能	全国各地から，食生活に必要な青果・水産・食肉などの多種多様な商品を集荷するとともに，需要者のニーズに応じて，迅速かつ効率的に，必要な品目，量に分荷配送を行う機能
価格形成機能	需給を反映した迅速かつ公正な評価による透明性の高い価格形成を行う機能
代金決済機能	販売代金の迅速かつ確実な決済を行う機能
情報受発信機能	需給に係る情報を収集し，川上産業や川下産業にそれぞれ伝達を行う機能

の食生活に欠かせない生鮮食品を円滑に，かつ安定的に供給するための基幹的**なインフラストラクチャー**（産業や社会生活の基盤となる施設や仕組み）として，公正で透明性が高く，効率的かつ継続的な流通を実現するために，表 2 - 1 に示してある非常に重要な 4 つの主要機能を果たしている。

2）卸売市場制度の概要と卸売市場流通の現状

①　**卸売市場制度の成立**　　現在の卸売市場制度は，1918（大正 7 ）年に発生した米騒動をきっかけに生鮮食品にも波及し，「近代的な設備の公設卸売市場の設置」と「取引の透明性の確保」という 2 つの要請を受け，1923（大正12）年に制定された**中央卸売市場法**が始まりとされる。その後，出荷者は零細多数の生産者から産地の大型化による大規模な出荷組織に移行し，小売業者の仕入形態は零細多数の業種店による仕入れからスーパーマーケットなどの量販店による本部仕入れが主流を占めるようになり，売り手側と買い手側との生鮮食品の卸売流通が再編された。これにより，1971（昭和46）年に中央卸売市場法を廃止して新たに**卸売市場法**が制定され，大都市を拠点とした中央卸売市場とそれ以外の地方卸売市場，そしてその他の市場とに制度的に区分された。

②　**卸売市場のこれまでの仕組み**　　図 2 - 4 は，生鮮食品等の主要な流通経路を示している。全国の出荷者（生産者，農協などの集出荷業者など）から出荷された農林水産物などの生鮮食品は，まず卸売業者によって**集荷**（産地から出荷されてきた農林水産物などを引き受ける行為）される。そのため，卸売業者は**荷受**とも呼ばれる。また，卸売業者は産地から引き受けた農林水産物などを**セリ**（競り売り）または**入札**（オークション）にかけて，仲卸業者や売買参加者

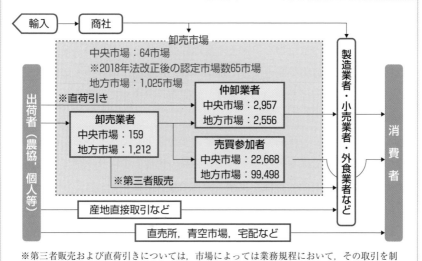

図2-4　生鮮食料品等の主要な流通経路
（農林水産省のデータをもとに，筆者作成）

に対して販売する。前者の**仲卸業者**は，市場内に施設を持ち，卸売業者から購入した荷を仕分けし，量販店や業種店に販売する業者である。後者の**売買参加者**は，大口の小売店や外食業者などの実需者（業務用実需者）であり，市場内で行われるセリ取引などに参加できる売買参加権を持つ小売業者である。

　また，卸売業者は，委託者（出荷者）から販売の委託を受けた物品について，販売終了後，卸売手数料を受け取っており，中央卸売市場の卸売手数料は，2004（平成16）年に卸売市場法が改正されるまで全国一律であった。しかし，法改正により2009（平成21）年4月から自由化された。

　③　**卸売市場流通の現状**　　卸売市場の現状を把握するためには，卸売市場経由率と卸売市場の取扱金額の推移が必要となる。その中で，**卸売市場経由率**とは，国内で流通した加工食品を含む国産および輸入された青果物，水産物，

食肉のうち，卸売市場を経由した数量の割合を示した指標である。ただし，日本国内で水揚げされた水産物は，通常，漁業者が原則として水産物の水揚げ地で漁獲したすべての水産物を出荷する**産地卸売市場**と，産地の出荷業者により生食用とされた水産物や産地などで加工された水産物を取り扱う**消費地卸売市場**の2段階の卸売市場を経由しており，卸売市場経由率には産地卸売市場の取扱量は除かれている。

　近年では，すべての産品で卸売市場経由率が低下してきている。卸売市場経由率の推移については本書の「4　主要食品の流通」で取り上げているが，その要因は生鮮食品の商品特性や生産・流通条件（生産者からスーパーマーケットへの直接取引など）が大きく変化している点にある。特に，流通システムにおける技術革新は日々進化している。そのため，鮮度保持が難しい生鮮食品などにおいても，コールドチェーン（生鮮食品などについて，生産段階から消費段階まで所定の低温を保ちながら一貫して流通される体系）が普及してきており，卸売市場に対しても，その存立条件にコールドチェーンによる生鮮食品の品質保持が求められてきている。

　しかし，コールドチェーンの導入には，施設や設備の再整備，あるいは流通システムの再構築といったハード面やソフト面に対する多額の諸費用が必要となる。そのため，経営体力のない卸売市場では，コールドチェーンに対応することができず，コールドチェーンが整っている卸売市場以外の施設などへの利用が増加することになり，卸売市場を経由しない流通あるいは卸売市場以外の流通，つまり**市場外流通**の増加に拍車がかかっているといってもよい。

　このような状況は，農林水産省が示すデータからも明らかで，市場外流通が増加することによって，中央卸売市場の取扱金額も1993（平成5）年には約6兆4,400億円でピークを迎えたが，その後は減少に転じ，2018（平成30）年には約3兆7,500億円で，25年間で42％もの減少を記録している。また，地方卸売市場の取扱金額でも同様であり，1993（平成5）年には約5兆4,600億円でピークを迎えたが，その後は減少に転じ，2018（平成30）年には約2兆9,500億円で，25年間で46％もの減少を記録している。このため，規模の小さい地方卸売

市場は衰退し，廃場するか，あるいは他市場との併合や合併が進んできている。

　さらに，このような卸売市場経由率の減少は，卸売市場における取扱金額を減少させるのみに留まらず，卸売市場間での競争や市場内の卸売業者間での競争激化をももたらしている。このような状況は，仲卸業者にも影響を与え，事業を縮小する，あるいは倒産・廃業する業者も出てきている。

　ここで大切なのは，市場外取引での取引価格は卸売市場での取引価格を参考にして決められることもあり，価格形成における卸売市場の役割は依然として大きいということである。そのため，卸売市場における価格形成機能が低下した場合には，日常的に必要な生鮮食品の価格が不安定になるとも考えられる。

3）市場外流通（地産地消，産地直送，産地契約）

　これまでに市場外流通に対する負の側面を説明してきたが，それだけではなく，市場外流通にも，卸売市場流通を補完する流通システムとして，一定の存在意義がある。そのような市場外流通の優位性は，見た目の不揃いや規格外などの理由で，卸売市場では取引が難しい「訳あり商品」や取引量に限りのある地域産物を販売できることである。そのような考えは，次に示されている主な市場外流通の形態によって説明することができる。

　①　**地産地消（産地流通）**　　地産地消とは，地域で生産された農林水産物を，生産された地域内において消費する取り組みを指す。この取り組みは，食料自給率の向上に寄与するとともに，第1次産業の農林水産業，第2次産業の製造業，第3次産業の小売業との一体化による6次産業化（地域資源を活用した新たな付加価値を生み出す取り組み）にもつながる流通システムである。

　②　**産地直送（産直）**　　産地直送（産地直接取引）とは，生産者（団体）と消費者（団体）とが，農産物などを対象に直接取引することを指す。新鮮な農産物などの販売あるいは購入を目的としたものであるが，より広範な消費者への販売を考えた場合には，流通コストが高くなる場合もある。

　③　**産地契約（契約栽培）**　　産地契約（契約栽培）とは，カット野菜や加工食品，外食に係る企業などが，特定の生産者や農業法人，あるいは出荷組合などと直接に生産物の買取契約（栽培契約）を結んで，当該産地の生産物を調

達する方法である。

4）これからの卸売市場流通

　卸売市場法は，国内産地の大型化や流通環境の変化，国際化の進展や食品の安全・安心に対する消費者の関心の高まりなどに対応するために，これまでに1999（平成11）年と2004（平成16）年にそれぞれ改正されてきている。

　特に，1999年の法改正では，卸売市場の取引形態であるセリ原則が廃止され，セリと**相対取引**（第三者が介入せずに，双方による直接取引）とが同列に扱われるようになり，それまで主流を占めていたセリや入札による取引の割合が低下する一方で，相対取引が増加してきている。この状況は，野菜などの相対取引によって，有力産地と大手スーパーマーケットとの直接取引を一層促進するとともに，有力な仲卸業者も卸売業者を通さず，産地と直接取引する形態が増えている。さらに，近年では，卸売市場を経由しない加工食品や輸入品などの割合も増加してきており，卸売市場経由率はますます低下傾向にある。

　卸売市場は，国民生活の安定に資するために，生鮮食品を安定的に供給するための基幹的なインフラストラクチャーとしての機能を十分発揮することを期待されている。しかし，卸売市場を取り巻く環境は大きく変化しており，生産者や実需者などが求める機能に十分対応しきれない状況にあるとの指摘がなされてきた。そこで，さらに，2018（平成30）年には，それまでの制度を抜本的に再構築するために**卸売市場法の改正**が行われ，国の関与が必要最小限に留められ，国による卸売市場の整備の促進に係る規定が削除された。また，卸売市場の開設が，農林水産大臣の認可制と都道府県知事の許可制から認定制に改定されるとともに，中央卸売市場に対する農林水産大臣による開設区域の指定と公設性に係る規定も廃止された。それにより，開設者がどのような者であっても，一定の要件を満たしていれば中央卸売市場として認定されることになり，**民営化**が可能となった。さらに，取引に係る規制も大幅に緩和された。

　これらの主な改正により，「輸出のための品揃えの拡充と販路拡大」，「輸送時間の短縮による鮮度の保持や物流の効率化」，「他市場への転送等の効率化」といった新たなビジネスモデルの創出が期待されている。その一方で，これま

でに卸売市場が果たしてきたインフラストラクチャーとしての公共性が損なわれるといった考え方もあり，今後の動向を注視していく必要があるといえる。

（2）加工食品の問屋（商社）流通
1）加工食品と流通システム

　加工食品は，生鮮食品に比べて品質の維持や規格化が比較的容易であることから保存性が高く，生産した場所から消費する場所までの広範な市場に輸送することができる。そのため，加工食品の流通システムには，問屋と呼ばれる卸売業者が介在している場合が多い。こうした特徴が，商品の販売市場を拡大することができる要因であり，生鮮食品の流通システムと異なる点でもある。

　また，比較的鮮度が重んじられる牛乳や豆腐などの日配品や特殊な輸入品などは，問屋や商社などの集配ネットワークを活用することによって，海外で製造あるいは販売されている多彩で魅力的な商品の品揃えを可能にしている。こうした流通システムを担っている卸売業者や小売業者は，両者ともに仕入れた商品を販売するという点では同じである。しかし，両者が違う点は，小売業が個人的最終消費者を主な販売先としているのに対して，卸売業者は小売業者や他の卸売業者を販売先にしている点である。しかし，近年では，消費者による直売所やフリーマーケットなどでの再販売も行われてきている。

2）食品問屋の分類

　食品問屋と呼ばれる卸売業者は，その取扱品目の違いにより総合卸と呼ばれる総合卸売業者（総合問屋）と，専門卸と呼ばれる専門卸売業者（専門問屋）とに大きく分けることができる。前者は，取扱品目が多種類の食品分野にまたがっている卸売業者を指すのに対して，後者は，取扱品目が特定の食品分野に限られている卸売業者を指し，酒類・飲料問屋や菓子問屋などがある。

　さらに，取扱食品の仕向け先が個人的最終消費者を想定したものか，それとも外食産業や惣菜業者などの個人的最終消費者以外を想定したものかでも区分される。前者は**市販品卸**あるいは**市販品問屋**といい，後者を**業務用卸**あるいは**業務用問屋**という。また，業務用卸では，しばしば，珍しい食品や特別の高級

な食品を扱うことがあり，そうした食品を専ら扱う卸売業者もいるが，市販品卸ではこうした食品の扱いは例外であり，通常は行われない。

3）加工食品流通の多様性

豊かな食卓を演出する加工食品は，その商品特性から流通経路も多様化し，複雑化してきている。そのため，加工食品の流通経路には，食品製造業（食品メーカー）と小売業との間に多くの卸売業が介在し，多段階化してきている。その中で，食品製造業と直接取引を行っている卸売業者を一次卸と呼び，その仕入れた商品を一次卸から直接仕入れている卸売業者を二次卸と呼んでいる。さらに，地方などできめ細かい流通経路を構築している小規模な卸売業者は，三次卸と呼ばれている。

4）加工食品物流と情報システム

加工食品流通において重要な役割を果たしている情報システムの1つに，店舗の運営情報を一元管理するPOSシステムがあげられる。1982（昭和57）年に，セブン-イレブンが日本で初めてPOSシステムをレジスターに導入したとされている。これは小売店で顧客が精算する時点で，あらかじめ商品に仕込まれたバーコードから自動読み取り方式（スキャンニング方式）のレジスターによって，販売データを収集するシステムである。このデータによって，単品別の納品量・売上高・在庫量や店舗別品目別売上が集計でき，チェーンストアの本部では各部門が有効利用できるようにデータを蓄積し，加工している。

また，商品の発注には，従来，電話やFAXなどが用いられていた。しかし，近年では，EOS（electronic ordering systems：電子発注方式）が導入されてきている。このEOSを導入することで，発注から納品までのリードタイム（発注から納品までの時間）が短縮し，多頻度納品が低コストで行われるようになってきている。多頻度納品は小売店舗における品切れ防止，商品の鮮度保持，バックヤードの省スペース化，廃棄ロスの減少を可能にした。EOSは取引上の売り手企業と買い手企業とが，何らかの電子機器を使用し取引を行うものであり，このことをEDI（electronic data interchange：電子交換システム）と呼ぶ。最近は新しいEDI規格である流通BMS（business message standards：流通ビジ

ネスメッセージ標準）によって，売り手企業と買い手企業とがやり取りする
データのフォーマットを標準化しようとしている。

（3）グローバル市場と輸入食品の流通

1）グローバル化と商社の役割

　現在，様々な分野において**グローバル化**（globalize）という用語が頻繁に使
われるようになってきている。グローバル化とは，地球（globe）全体を１つ
の市場として捉え，国境を意識せずにヒト・モノ・カネ・情報のやり取りがな
される現象を表すとともに，さまざまな分野の基準や規格などといったルール
が単一化され，かつ標準化されていく現象をも指す。つまり，企業の活動があ
る特定の国のだけに限定されるのではなく，地球規模での活動として広がって
いくことを意味しており，そのような市場を**グローバル市場**とも呼ぶ。

　今日，私たちの食卓にのぼる料理の食材のほとんどは，国内で生産されたも
のだけではなく，さまざまな国々で生産された食品も含まれている。しかし，
世界中から調達される食品は，やみくもに選択されているわけではない。それ
を必要として購入する消費者を想定して調達されるため，消費者の志向が非常
に重要となる。特に食品は，その志向が多岐にわたる。そういった消費者の志
向に対応して，海外企業との取引を行う企業に商社が存在している。

　商社とは，卸売業のうちで海外の取引，すなわち貿易をも行う卸売業を指
す。その商社のうち，特定の商品分野に活動範囲を限定した会社を**専門商社**と
呼ぶ。食品分野では，三菱食品，日本アクセス，国分の３社が大手食品商社と
呼ばれる食品卸売業であり，これらの３社の2019（令和元）年におけるそれぞ
れの売上高は，三菱食品が２兆6,547億円，日本アクセスが２兆1,320億円，国
分が１兆8,917億円と公表している。

　また，日本の商社の特徴としては，「鉛筆から飛行機まで」と形容されるよ
うに多種多様な商品を取り扱い，広範な機能を遂行する巨大な総合商社が複数
存在している点もあげられる。その代表的な総合商社には，三菱商事，伊藤忠
商事，住友商事，三井物産，丸紅，豊田通商，双日の７社が存在している。

これらの総合商社は商品を生産せず，主に商品の国内取引をはじめ，海外から商品を輸入して国内で販売する事業を展開しているが，近年では小売業との**M&A**（Merger and Acquisition：企業の合併や買収）や**アライアンス**（Alliance：資本・業務提携）を行ったり，それらに携わったりし，事業の再編も進んできている。例えば，三菱商事はイオングループやローソン，ライフコーポレーション，伊藤忠商事はユニー・ファミリーマート，住友商事はサミット，三井物産はセブン＆アイ，丸紅はマルエツや東武ストアと，親会社と子会社の関係，あるいは資本・業務提携の関係にある。また，三菱商事は三菱食品，伊藤忠商事は日本アクセスと伊藤忠食品，三井物産は三井食品といった食品卸売業を，丸紅は山星屋という菓子卸売業を子会社に持っている。また，総合商社は，川下産業である小売業との取引関係の強化を目的に，それと取引する製造業を子会社化する経営戦略も進めてきている。このようなさまざまな関係をもとにして，商社は**プライベートブランド**（**PB**：private brand）の開発などにも深く関わっている。

2）輸入食品の流通と経済連携

　現在の食品市場では，国境という枠組みを超えた活動が展開されてきている。そこで注目するべきは，グローバル市場を実現するための国際的な枠組みとしての**経済連携協定**（EPA：economic partnership agreement）である。このEPAとは，2つ以上の国や地域との間で，モノやサービスの貿易の自由化だけではなく，知的財産の保護，競争政策，協力の促進などの幅広い分野に対する自由化を含む協定を指す。また，同じような協定としては，**自由貿易協定**（FTA：free trade agreement）もある。FTAは，一般的にモノやサービスの貿易の自由化を促進する協定を指すとされており，EPAの方がより広範囲での自由化を進める協定として，近年，日本は積極的にその締結を行ってきている。

　日本における消費市場は，2000年代以降，少子高齢化やそれに伴う人口減少による成熟化，アジアを中心とした海外消費市場の急速な発展，さらには，EPA戦略の推進に対応するために，例えば，三菱商事は「原料調達から小売までつながるバリューチェーン（価値連鎖）」を強化してきている。そのため，

現在の総合商社は，外食産業，スーパーマーケット，コンビニエンスストアなどの川下産業にも進出するとともに，食品や食材の確保のために，積極的に海外との貿易にも対応してきているといえる。

3．食品の小売流通

（1）販売形態の分類

1）店舗販売と無店舗販売

　小売業は，小売行為を専門的に担う事業であり，その担い手を小売業者という。また，小売行為とは，小売業者が生産者と消費者との間に介在し，消費者に対して商品情報や商品を提供するという重要な社会的役割を担う行為であり，流通の末端に位置することから消費者の購買行動を大きく左右する。

　小売行為を行う方法には，店舗を有する**店舗販売**と店舗を有さない**無店舗販売**との2つがある。前者は，小売業のこれまでの基本的な形態で，販売を行う店舗を構えて，実物商品あるいは見本商品を展示して販売する形態である。それに対して，後者は，消費者への商品の情報提供や販売については店舗を構えずに通信販売などの方法で小売行為を行う形態である。

2）対面販売方式とセルフサービス方式

　対面販売方式とは，店員が顧客と対面で商品を直接説明しながら販売する販売方法を指す。また，**セルフサービス方式**とは，顧客自らが購入目的のすべての商品を選び，それらを自らレジスター（店内で代金の精算・記録を行う場所，あるいはそれを行う機器）まで運び，一括して代金を支払う販売方法を指す。

　日本におけるセルフサービス方式は，1953（昭和28）年に，東京の青山で開業した食料品店の紀ノ國屋が最初とされている。それまでの精肉店，鮮魚店や洋菓子店などの小売商店では，主に店員が顧客の購入希望商品について説明を行う対面販売方式が採用されていた。その一方で，セルフサービス方式は，1950年代後半の本格的なスーパーマーケットの登場により，多くの小売商店で採用されるようになってきている。

（2）食品流通を担う多様な小売業態

　食品小売業は，業種（kind of business）に分類される小売業と，業態（type of operation）に分類される小売業とに分類される。前者は，取扱商品を特定分野に絞り込み，「何を売るのか」で分類する方法であり，八百屋，肉屋，魚屋などといった，取扱商品の後ろに「屋」をつけて，「○○屋」と称される分類の仕方が業種による分類である。そして，このような小売商店を業種店と呼ぶこともある。また，後者は，「どのような販売形態で売るのか」で小売業を分類する方法である。百貨店（department store），総合スーパーマーケット（GMS：general merchandise store），食品スーパーマーケット（SM：super market），コンビニエンスストア（CVS：convenience store），ドラッグストア，ホームセンターなどといった分類の仕方が業態による分類である。

　ここでは，一般的な小売商店（業種店）やスーパーマーケットだけではなく，通信販売業や道の駅，農産物直売所といった各種の業態について取り上げる。

1）百　貨　店

　日本における**百貨店**は，経済産業省の「商業統計調査」において，衣，食，住にわたる各種商品を小売し，そのいずれもが小売販売額の10％以上70％未満の範囲内にある，従業者が50人以上の事業所としている。さらにセルフサービス方式の売場面積が全体の50％未満であるとも定義している。

　日本の百貨店は，戦前からの大規模小売業として小売業を牽引し，戦後も一貫して小売業全体の売上高を増大させ続けてきた。しかし，1991（平成3）年のバブル経済の崩壊により，売上高を減少させてきている。2000年代以降になると，地方百貨店を含めて多数の百貨店が店舗閉鎖や経営破綻に追い込まれ，百貨店全体での売上高の減少が続くとともに，他の小売業態との競争も厳しさが増す中で，百貨店業界での生き残りをかけた業界再編も起こってきている。

2）総合スーパーマーケット（GMS）

　スーパーマーケットは，第一に，消費者自らが必要な商品を店舗に備え付けられているカゴやカートを使用して商品を選び，レジスターで精算することを意味するセルフサービス方式や，第二に，商品を仕入れる際に現金を持参して

卸売業者（問屋）に訪問し，その場で仕入れる商品を選択し，代金を現金で支払い，自らがその商品を持ち帰る方法を指す現金持ち帰り，第三に，商品は過剰に在庫を持たずに早く売り，廃棄ロスを出さずに商品回転率を高めることで，商品を大量かつ低価格販売を実現することを意味する高回転による大量・低価格販売，第四に，売場別部門制組織などの特徴を有する小売業態として発展してきた。また，経営的特徴は，商品を大量に仕入れ，低価格で販売するところにある。そのためには販売管理費の中で大きな比率を占める人件費の削減が必要となり，対面販売方式からセルフサービス方式への移行が進んだ。

　総合スーパーマーケットは，イオン，イトーヨーカ堂，ユニーなどに代表されるように，百貨店と同様に衣食住全般の商品を総合的に品揃えしているため，同様な小売業態であるように考えられる。しかし，百貨店と総合スーパーマーケットとの大きな違いは，前者が対面販売方式を主とする売場が大部分を占めているのに対して，後者はセルフサービス方式の売場が大部分を占めている点にある。近年では総合スーパーマーケットの経営環境は，コンビニエンスストアなどとの競争が激しくなってきており，大手スーパーマーケットでは，プライベートブランド（PB）商品の開発やそれの販売を充実させている。

3）食品スーパーマーケット（SM）

　食品スーパーマーケットは，「商業統計調査」によると，売場面積が250m²以上で取扱商品の70％以上が食品であることと定義され，生鮮三品や惣菜などの食品を主体に，加工食品や日配品，日用雑貨品の品揃えも行っている。そして，出店の仕方は郊外型の大規模店舗だけではなく，都市部への小型店舗の出店もある。また，日本人の購買行動は食品の鮮度を重視した，ほぼ毎日の頻度での当用買いである。そのため，食品スーパーマーケットはこうした消費者の購買行動に適した店舗設計だけではなく，消費者が飽きない店舗イメージや簡便性あるいは品揃えに配慮した地域密着型の業態となっている。

4）コンビニエンスストア（CVS）

　コンビニエンスストアは，「商業統計調査」によれば，飲食料品を中心に取り扱い，売場面積が30m²以上250m²未満を有し，営業時間が1日14時間以上

のセルフサービス方式の販売店と定義されている。そして，出店や営業形態の仕方は，一般的に住宅地などの利便性の高い場所に店舗を構え，長時間営業を基本として，食品や雑貨といった日常生活に必要な商品を3,000品目程度に絞り込んで品揃えし，基本的には生鮮食品を取り扱わないとされてきた。しかし，近年では，生鮮食品の取扱いを積極的に行う傾向にある。また，限られた品揃えとするために少量在庫が基本となる。そのため，POSシステムを使用したピンポイントで売れ筋商品を品揃えするといった，限りなく効率性を重視した業態であるともいえる。日本においては，1980年代以降，成長し発展してきた業態でもあり，日本フランチャイズチェーン協会によると，2012（平成24）年においては約5万店を超え，2019（令和元）年には55,620店が立地し，年間売上高は約11兆1,610億円となっている。

5）専門店（業種店）

専門店とは，「商業統計調査」では，衣料品専門店，食料品専門店，住関連専門店の3つに分けられ，それぞれの専門取扱商品の比率が90％以上を占める業態であるとされている。この分類には伝統的な青果店（八百屋），鮮魚店（魚屋），精肉店（肉屋），パン屋などの店舗も含まれ，**業種店**とも呼ばれる。現在の消費社会は，消費者ニーズの独自性や個性化が強まり，特定分野の商品を幅広く揃えた専門性の高い専門店へのニーズが高まっている。また，専門店は百貨店や総合スーパーマーケットに比べて取扱品目は少ないものの，特定分野の商品の品揃えの幅が広い。そのため，消費者の人気が高まってきている。

6）ホームセンター

ホームセンターやドラッグストアなどは，**専門量販店**と呼ばれる。専門量販店とは，取り扱う商品を特定の分野に絞り，その分野の品揃えを深めた業態を指し，**カテゴリーキラー**とも呼ばれる。このカテゴリーキラーとは，特定の商品分野において価格競争力を持ち，百貨店や総合スーパーマーケットなどの総合型小売業からその商品分野を奪うことから名付けられたとされている。

ホームセンターは，高度経済成長期におけるモータリゼーションの進展に伴い，自動車での買い物に便利な郊外型店舗として，全国各地に出店される。そ

の先駆けとなった本格的なホームセンターは，1972（昭和47）年に開業したドイト与野店であるとされている。また，日本DIY・ホームセンター協会によれば，2019（令和元）年には，全国で4,810店，売上高が約４兆円の市場規模に達してきている。さらに，2018（平成30）年度の主な商品分野別売上高構成比は，DIY素材・用品が23.9%，家庭日用品が19.2%，園芸・エクステリアが22.1%となっており，この３つの分野で売上高の約６割を占めている。

7）ドラッグストア

日本チェーンドラッグストア協会によると，ドラッグストアとは，医療品や化粧品，食品や生活関連商品など日々の生活に欠かせない様々な商品を品揃えし，セルフサービス方式で販売する業態である。そのため，「くすり屋」や「化粧品屋」とは明らかに異なる業態である。また，ドラッグストアには，薬剤師を置かずにコストを抑制し，食品や生活用品の品揃えを充実し，低価格と簡便性を追求する経営形態と，多くの大手チェーン店が展開しているような薬剤師を配置し，専門性を追求した経営形態の２つがある。ドラッグストアブームは，2000（平成12）年頃から始まり，薬や化粧品をはじめ多くの雑貨商品の品揃えを行った比較的規模の大きいドラッグストアが誕生し，店舗が都心や郊外の住宅地に出店したことで，若い世代や主婦からの評判が高まった。

8）ショッピングセンター

ショッピングセンター（shopping center）とは，様々な小売店が多数集まった小売商業集積地の意味であり，**商店街**もショッピングセンターの一種である。ただし，前者は運営する企業（ディベロッパー）と出店企業（テナント）が不動産賃貸契約を結び，複数の店舗で構成される商業施設を指すのに対して，後者は小売商店が集積した場所である。また，日本初のショッピングセンターは，数寄屋橋ショッピングセンターといわれている。近年では，百貨店や総合スーパーマーケットが核テナント（入居者）になり，衣料品，家庭用品，靴などの専門店や飲食店が入居し，映画館や遊戯施設を備えた大型ショッピングセンター（ショッピングモール）となっている。また，高齢化社会が進む中で，住宅地の近隣にある小型の食品スーパーマーケットやドラッグストア，さらに

はそれらを集めた近隣型ショッピングセンターの人気も高まっている。

9）均一価格店（100円ショップ・300円ショップ）

　100円ショップなどに代表される均一価格店は，取扱商品にこだわらずに均一価格制を採用する業態である。すべての取扱商品は，きりのよい価格に設定され，その価格が売場で顧客にしっかりと伝わっている価格訴求力を持つことや商品の品揃えなどを実現するためのマーチャンダイジング力が求められる。

　この他にも，100円ショップの業態を取ったコンビニエンスストアと謳う業態も登場してきている。このような業態は，コンビニエンスストア，スーパーマーケット，100円ショップの複合形態的な小売店舗であり，24時間営業の店舗で，生鮮食品を含む生活用品を100円前後の一律価格で販売する業態であり，生鮮コンビニエンスストアとも呼ばれる。代表例としては，食材を中心とした品揃えが特徴であるローソンストア100であり，従来のコンビニエンスストアとは違い，野菜・精肉・鮮魚といった生鮮食品を販売するほかにも販売品目が多く，小規模なスーパーマーケットの業態に近い。そのため，主要な顧客層は，単身者や少人数世帯であるため，生鮮食品は小分けして販売することが多い点が特徴である。また，100円前後の一律かつ低価格で販売するために，プライベートブランド（PB）商品なども多い点も特徴であるといえる。

　均一価格店は，コンビニエンスストア，スーパーマーケット，100円ショップのそれぞれを融合したような店舗であるが，いずれの業態とも違い，独自の経営手法が必要である。そのため，コンビニエンストアの経営手法がある大手コンビニエンストアチェーンでも，当初は苦戦したといわれている。

10）道　の　駅

　道の駅は，市町村長からの登録申請により，国土交通省で登録し，市町村，またはそれに代わり得る公的な団体が設置する道路施設であり，商業施設や休憩・宿泊施設，あるいは地域振興施設などが一体となっている。そのため，道の駅には，「休息機能」，「地域連携機能」，「情報発信機能」の３つの機能があるとされている。また，整備の方法には，道路管理者と市町村長等で整備する「一体型」と，市町村が全てを整備する「単独型」の２種類があり，2020（令

和２）年７月時点で，全国で1,180か所が登録されている。

11）農林水産物直売所

農林水産物直売所は，生産者が農林水産物などを消費者に直接販売する施設であり，自治体と生産者などの地域住民による，地元の美味しい農林水産物や体験観光などの情報発信機能をも併せ持つとともに，地産地消の取り組みを推進する機能も持っている。そのため，食料自給率の向上や地域活性化，さらには流通経費の削減などにも影響を与えている。農林水産省によると，2018（平成30）年度の総販売金額は，１兆789億円である。

12）移動販売（移動スーパーマーケット・移動コンビニエンスストア）

現在の移動販売は，トラックなどの自動車によって商品を運び，常設の店舗以外で販売を行う方法が主流となっている。そのため，商品を持って一軒，一軒を訪ねて小売りする行商と同じように無店舗販売の１つであるともいえる。

移動販売市場については，本書の「１　食市場の変化」でも取り上げているが，飲食料品店の減少や大型商業施設の郊外化などが進行した結果，過疎地のみならず都市部においても，高齢者を中心に食料品アクセス（買物難民）の問題が社会問題となっている。この問題への対策の１つとして復活したのが，移動販売車による販売である。このような移動販売車は，地元で営業している個人商店やスーパーマーケット，コンビニエンスストアなどによって運営され，地域の中心部や民家の軒先で販売を行うものもある。

13）通信販売・ネット販売

通信販売は，無店舗販売の１つで，カタログやテレビ，あるいは雑誌や新聞，インターネットなどのメディアを利用して商品を提示し，消費者から注文を受け付けて，商品を販売する方法であり，通販と略称される。

近年では，インターネットの普及に伴い，単に「通信販売」や「通販」といえば，ウェブサイトによるネット販売を指す場合もある。また，現在では店舗販売を主体とする小売業の売上高が伸び悩んでおり，百貨店やスーパーマーケット，コンビニエンスストアなどでも，新たな流通チャネルとしてネット販売を充実し，売上高の確保に努めている。

表2‐2　自動販売機を設置する際に必要となる許認可

種類	許認可
カップ式自動販売機	食品衛生法に基づく喫茶店営業の許可
調理式食品自動販売機	食品衛生法に基づく飲食店営業の許可
牛乳自動販売機	食品衛生法に基づく乳類販売業の許可
酒類自動販売機	酒税法による酒類小売商店許可
たばこ自動販売機	たばこ事業法によるたばこ販売人の認可

（資料：日本自動販売システム機械工業会Hp〔https://www.jvma.or.jp〕）

14）自動販売機

　自動販売機は，直接的な人的販売を行わない無店舗小売業であり，基本的には24時間稼働が可能であるという利点がある。ただし，自動販売機の管理や整備などには人的関与が必要であるとともに，それを設置する際には，表2‐2で示している各種の許認可が必要となるものもある。また，近年の自動販売機を取り巻く環境の変化については，日本自動販売システム機械工業会によれば，「酒類自動販売機やタスポ（成人識別装置）導入に伴うタバコ自動販売機の減少」，「消費者の節約志向と自身で手淹れしたお茶やコーヒーなどを水筒に入れて飲用する習慣の定着」，「購入商品の定価販売が基本である自動販売機からの購入から，低価格販売を訴求するスーパーマーケットやコンビニエンスストアなどからの購入への移行」が指摘されている。

15）消費生活協同組合（生協／CO-OP）

　消費生活協同組合とは，一般的に「生協」と略称で呼ばれる組織であり，数ある協同組合の1つであり，消費者一人ひとりがお金（出資金）を出し合い組合員となり，協同で運営・利用する組織である。また，生協と同じく略称としてよく使われる「コープ（CO-OP）」は，協同組合を表す「Co-operative」の「Co-op」を日本語読みにしたものである。その事業内容は，購買事業，共済事業，福祉事業，医療事業など，多岐にわたる。また，全国各地にはさまざまな生協が存在しており，それぞれが独立して事業を行っている。さらに，生協の現状としては，個別の生協（単位生協）や生協連合会が加入する日本生活協

同組合連合会（日本生協連）によれば，2019（令和元）年度末に，316の生協が加入しており，組合員総数は約2,962万人で，会員生協の総事業高は約3.5兆円である。このことから日本最大級の消費者組織ということができる。

　生協の特徴は，組合員が事前注文の後にグループ単位で商品を受け取る「**共同購入**」であり，日本の生協の発展を支える仕組みであった。しかし，近年では，少子高齢化やそれに伴う人口減少，あるいはライフスタイルの変化，単身世帯や高齢者夫婦世帯などの増加により，世帯単位で注文し配達してもらう「**個人宅配（個配）**」が急成長し，その供給高は2019年度で約１兆3,212億円に達している。さらに，「生産地と生産者が明確であること」，「栽培，肥育方法が明確であること」，「組合員と生産者が交流できること」を謳った「**産直三原則**」が1980年代より多くの生協で取り入れられ，安全・安心な食品を求める生協組合員と，安全・安心な農産物の生産を志す生産者とが結びつくことにより，安全かつ安心な食品を提供する生協産直の事業も行われてきている。

（3）日本の小売業の海外出店

　日本の小売業が本格的に海外へ出店した時期は，1980年代である。1985年のプラザ合意による円高と日本国内の好景気（バブル経済）を背景に，海外出店は急速に進んでいった。その要因は，現地の日本人旅行者や日本人在住者を対象にした出店ではない，現地の人を対象とした出店が増えていった点にある。

　しかし，1990年代に入ると，アジア諸国を中心に，店舗数を減らすだけではなく，完全に海外での店舗展開から撤退する小売業も増えていった。その結果，海外出店数自体が大きく減少していったのである。撤退には，現地での人件費や地価あるいは賃貸料の上昇，そして競争の激化などの要因もあるが，最大の要因はバブル経済の崩壊以降の長期不況により，日本国内での業績の悪化によって，海外での店舗展開にまで手が回らなくなったことがあげられる。ただし，地方に拠点を置く平和堂のようなスーパーマーケットなどでは，確実に海外出店を進めている事例や，海外出店に消極的であったイトーヨーカ堂では，最近では中国（大陸）や香港で多数の店舗を展開している事例もある。

表2-3　日本の小売業の海外出店の状況

区分		欧州	北米・中南米	韓国	台湾	中国（大陸）	香港	シンガポール	その他の東南アジア諸国	オーストラリア
百貨店	伊勢丹	1988年			1992年	1993年	1978年	1972年	1988年	
	西武		1962年		1989年	1993年	1989年		1997年	
	そごう	1991年			1987年	1998年	1995年	1986年	1984年	
	大丸	1974年			1999年		1960年	1983年	1964年	1991年
	高島屋	1973年	1958年		1994年	2012年		1993年		1991年
	東急		1959年		1990年		1982年	1987年	1985年	
	松坂屋	1978年	1980年				1975年			
	三越	1971年	1977年		1991年	1989年	1981年			
スーパーマーケット	イオン				2003年	1996年	1987年		1985年	
	イトーヨーカ堂					1997年	1990年			
	西友							1994年	1995年	
	ユニー						1987年			
コンビニエンスストア	ファミリーマート		2009年	1990年	1988年	2004年			1992年	
	ミニストップ			1990年		2009年			2000年	
	ローソン		2012年	1994年		1996年			2011年	
	セブン-イレブン					2004年				

（資料：番場博之編　基礎から学ぶ流通の理論と政策〔新版〕　八千代出版　2016　p.109をもとに筆者作成）

　このような日本の小売業の状況に対して，米国のウォルマート，フランスのカルフール，英国のテスコ，ドイツのメトロなどの総合型大型店を出店してきた欧米の小売業は，世界各国で豊富な出店経験を持つ大手企業としてグローバル展開を行ってきており，多国籍企業としての展開も進んできている。日本の小売業と欧米の小売業との違いは，前者が日本における商取引慣行や流通システム，あるいは出店に係る手続きなどの規制や習慣が独特であるともに，人材の非流動性や日本人の当用買いの習慣に対応するといった日本固有の環境に対応した経営戦略であったのに対して，後者は日本以外での多数の国や地域への海外出店の経験の中で，多くの国や地域では製造業者との直接取引や国境を越えた商品の調達に係る情報システムなどを標準化させてきた戦略に違いがあ

る。そのため，今後，日本の小売業が海外進出を進めていくのであれば，進出先においては欧米の小売業が標準化してきた戦略に対応することが必要となる。つまり，これからの日本の小売業は，日本国内での店舗展開においても，欧米の小売業が行ってきた標準化の戦略と同様の経営戦略を採用する必要があり，日本国内における商取引慣行や流通システムに大きな影響をもたらす可能性が高いとも考えられる。

（4）家庭内食を支える食品小売業の機能

1）業種別の専門小売店

「商業統計調査」によれば，消費者の購買先が業種店からスーパーマーケットに移ったことにより，食品小売業も大きく変貌したことがわかる。例えば，従業員2人以下の**パパ・ママストア**と呼ばれる食品小売業の事業所および年間販売額の構成比は，1985（昭和60）年にはそれぞれ60.1%，17.2%を占めていたが，2012（平成24）年にはそれぞれ46.7%，5.1%へと低下してきている。こうした数値の変化にもかかわらず，従業員2人以下の野菜・果実小売業と鮮魚小売業の事業所比率が5割近くを占めている。しかし，年間販売額を見てみると，1割に届いていない状況にあることが示されている。つまり，日本の家庭内食を長く支えてきた食品小売業は，零細規模な店舗（小売商店）の衰退と大規模な店舗（大規模小売店舗）の躍進とが同時に起こっているとみられている。

2）地域密着型の食品スーパーマーケット，コンビニエンスストアの台頭

高度経済成長期のモータリゼーションの浸透と郊外型スーパーマーケットの登場は，消費者の購買行動範囲を一時期拡大させた。しかし，日本の消費者の生鮮食品を中心とした食品の購買行動は当用買いが多く，ほぼ毎日の買い物頻度は減らず，駐車場の整備を進める自宅近くの中小規模の食品スーパーマーケットや，社会の高齢化が進む中で地域に根ざし固定客をしっかり確保する地場のスーパーマーケットやコンビニエンスストアの健闘も続いている。

3）装置産業化する小売業（コンビニエンスストア）

コンビニエンスストアの商品数は，一般的に2,000～3,000品目が取り揃えら

れている。こうした商品は，POSシステムによる在庫管理や物流システムの導入などにより，各店舗での**機会ロス**（品揃えしていれば売れたはずの売り逃しから生じる損失）の発生の極少化が図られている。また，近年のコンビニエンスストアでは，多種多様な品揃えによる販売事業だけではなく，宅配便の取扱い，電気，ガス，水道，通販などの料金収納代行，チケット販売，ATM（automated teller machine：現金自動受払機）の設置などの事業も一般化し，顧客満足度を高めている。このように，コンビニエンスストア業界では規模の拡大により，幅広い顧客層の生活に欠かせない商品の調達や物流システム，公共サービスの充実に努めており，一定以上の生産やサービスの提供のために，巨大な装置やシステムを要すると考えられる装置産業化が進んでいる。

4）台所の代替機能を担う食品小売業

今日の食生活は，食行為に係る時間だけではなく，調理の下準備や手間，後片付けといった時間をも省きたいという傾向が強まり，買い物を簡単に済ませたいとのニーズが高まっている。食品小売業は，こうしたニーズに応えるために，ミール・ソリューション（meal solution）をマーケティング戦略の1つとしている。このミール・ソリューションとは，「食事問題の解決または食の解決」を意味しており，食品小売業には台所の代替機能が求められている。つまり，消費者は，家庭で料理を1から作る代わりに，デリカテッセン（惣菜店）やスーパーマーケットの惣菜，下ごしらえされた食材（いわゆる中食商品）の提供や日常の食事に関するメニューの提案や品揃え，料理に係る疑問に対応できる食品小売業の機能に期待するようになってきている。このことは，食品小売業の将来展望に関わるソリューション（解決）へとつながっているといえる。

3

外食・中食産業のマーチャンダイジング

★ 概要とねらい

　小売業においては，雑貨屋，金物屋，時計屋，薬屋といった業種別専門店が減少し，スーパーマーケットやコンビニエンスストア，ドラッグストア，ホームセンター，家電量販店，100円ショップといった新しい販売方式の業態が登場し拡大している。外食産業においても，新しい業態によって新たな市場が創造されている。

　この章ではまず，外食・中食産業と食生活の変化に触れた後，外食産業における「業態」について解説する。

　外食産業市場の規模拡大に大きな役割を果たしてきたのが，チェーンレストランであり，フランチャイズシステムである。このチェーンレストランの動向とフランチャイズシステムの仕組みを知ることが，外食産業の理解には欠かせない。

　次に，外食産業における食材流通，特に，穀物，野菜，畜産物，水産物，加工食品などを品目別にまとめ，また外食産業の業態別に食材の国産品と輸入品の割合をまとめた。

　近年，それら外食産業市場規模は縮小傾向にあるが，一方で伸びを続けているのが中食産業である。中食の業態，中食商品，中食市場規模の動向について整理した。

　最後に，中食のビジネスモデルとして，惣菜の多ブランド展開，製販一体というユニークな経営を行っているロック・フィールドを取り上げた。

1．外食・中食産業と食生活の変化

（1）外食・中食産業の登場と食生活の変化
1）3つの食事形態

　私たちの食生活は，内食（ないしょく），外食（がいしょく），中食（なかしょく）の3つの食事形態によって構成されている。

　① **内　食**　　内食とは，家族や家族の友人・知人が家庭内で調理したものを家庭内または家庭外（弁当として職場や学校など）で食する食事形態で，原則的に金銭の授受（やりとり）がない。

　② **外　食**　　外食とは，外食店で調理されたものを外食店内で食する食事形態である。経済行為（金銭の授受がある）の性格を有する。

　③ **中　食**　　中食とは，内食と外食の中間的な食事形態である。惣菜・弁当・外食店などで調理されたものを，家庭または家庭外で食する食事形態である。経済行為の性格を有する。外食が喫食の場所が外食店内と特定されているのに対し，中食は喫食の場所が購入者の任意に任されている。**持ち帰り商品，テイクアウト商品，デリカテッセン，料理品，調理品**などともいわれる。

　2019（令和元）年10月，消費税が改められたことで，酒類や外食などは10％に増税されたが，同時に導入された軽減税率によって，内食用の飲食料品，持ち帰って食べる・宅配などの中食は8％に据え置かれた。例えば，コンビニエンスストアで弁当を購入し持ち帰って食べる場合は8％だが，コンビニのイートインスペースで購入した弁当を食べる場合は税率10%が適用される。店内のテーブルやイスなどを利用する食事は，小売店であっても，外食店内で食事をするのと同じとされるのである（p.24，図1-11参照）。

2）わが国の外食産業の登場と動向

　わが国の**外食産業**は，1960（昭和35）年以降の高度経済成長とともに市場規模が拡大していった。1969（昭和44）年，第2次資本の自由化により，1970（昭和45）年から米国大手のファストフードやファミリーレストランなどが

次々に日本に上陸し，日本の企業とフランチャイズ契約を結び，店舗数を拡大していった。同時に，日本の外食企業においてもチェーン化の動きが始まった。その後の外食産業の急成長の起点となった1970年は**外食元年**と呼ばれている。1970年には，大阪万博のパビリオンに「ロイヤル」と「ケンタッキーフライドチキン」が出店した。またこの年，日本初のファミリーレストラン「すかいらーく」が誕生した。翌1971（昭和46）年には，マクドナルド，ミスタードーナツの第1号店がオープンした。同年，外食店のチェーン化を目指す企業が集い，日本フードサービスチェーン協会（現・日本フードサービス協会）が設立された。1972（昭和47）年にはモスバーガー，1974（昭和49）年にはデニーズがそれぞれ第1号店を開店した。1970～1980年代，郊外の道路の整備が進み，モータリゼーション（自動車保有者数が急速に増え，自動車が日常の買い物や外食の移動手段になる現象）に支えられ，駐車場を有するチェーンレストランの店舗展開は中心都市から郊外の幹線道路沿いに広がり，さらに全国へ広がった。また，生産年齢人口（15～64歳の有職者の人口）の増加，**第1種兼業主婦**（家事を主に仕事を従にする主婦）や**第2種兼業主婦**（仕事を主に家事を従にする主婦）など，仕事を持つ主婦の増加が外食市場の拡大の要因となった。

3）食品関係営業施設数の推移

　厚生労働省「平成30年度衛生行政報告例の概況」によると，2018（平成30）年度の許可を要する食品関係営業施設のうち，一般食堂・レストラン等は約74万2,000，仕出し屋・弁当屋は約8万1,000，特定給食施設 *1 は約5万1,000，その他の給食施設 *2 は約4万1,000で合計すると，約91万5,000施設である。このうち，仕出し屋・弁当屋（中食）を除く外食店舗は約83万4,000施設である（表3-1）。特定給食施設，その他の給食施設に含まれるのは，学校，病院，老人福祉施設，児童福祉施設，事業所，寄宿舎，矯正施設，自衛隊，一般給食

---

　*1　特定給食施設：「特定かつ多数の者に対して，継続的に1回100食以上又は1日250食以上の食事を供給する」施設（健康増進法に届け出義務がある）。

　*2　その他の給食施設：「特定かつ多数の者に対して，継続的に1回50食以上又は1日100食以上の食事を提供する小規模な施設」（届け出義務はない）。

表 3-1　わが国の食品関係営業施設数

年次	一般食堂レストラン	仕出し屋弁当屋	特定給食施設	その他の給食施設	合計（仕出し屋・弁当屋を除く）
2014	753,853	82,473	49,332	38,370	841,555
2015	750,779	81,538	49,744	38,901	839,424
2016	746,891	80,920	50,350	40,069	837,310
2017	745,191	81,122	50,542	40,460	836,193
2018	741,917	81,046	50,985	41,262	834,164

（資料：厚生労働省　平成30年度衛生行政報告例）

センターなどである。2014～2018年の外食店舗数の推移をみると，増加傾向にあるのが，特定給食施設とその他の給食施設であり，一般食堂・レストランは減少傾向にある。外食店舗（仕出し屋・弁当屋を除く）全体では，微減の傾向で2014年に比べ2018年は，0.9％の減少である。

4）外食産業の年代別動向

外食率（家計の食料支出に占める外食支出の割合）は，1975（昭和50）年に27.8％であったのが，1985（昭和60）年に33.5％，1995（平成7）年に37.5％，2005（平成17）年に36.6％，2018（平成30）年には34.0％になっている。こうした外食率の推移を見ても，外食は，今や私たちの食生活で欠かせない食事形態であることがわかる。外食の産業化がスタートした1970年代から今日までの外食産業の年代別動向を表3-2に示した。

5）外食産業市場規模の推移

外食産業の市場規模は，外食元年といわれる1970（昭和45）年以降，急速な伸び示し，1997（平成9）年には29兆702億円と30兆円に手が届くまでに成長した。しかしこの年をピークに，以降は縮小が続いた。2006（平成18）年，2007（平成19）年と2年連続，回復がみられたが，2008（平成20）年以降，再び縮小に転じた。その後，2011（平成23）年から回復傾向を示し，2018（平成30）年には，25兆7,692億円となっている。2018年の外食産業市場規模は，訪日外国人の増加，法人交際費の増加などにより，前年より0.3％増加となった。

外食市場のうち，特定給食施設およびその他の給食施設は，1997（平成9）

表3-2　外食産業の年代別動向

年代	主な動き
1970	産業化スタート，急成長の時代。1970（昭和45）年は外食元年といわれ，外食産業という言葉が生まれた。米国の大手外食チェーンが次々と上陸。マクドナルド，すかいらーく，モスバーガー，ロッテリアなどファストフードやファミリーレストランの1号店が相次いでオープンした。1975（昭和50）年の市場規模は8兆6,257億円。
1980	一億総グルメ，外食の多様化の時代。激辛ブームがあり，エスニック料理店が増える。グルメブームでイタめし（イタリア料理店），高級フランス料理店，食べ歩きが流行。グルメガイドブック，レストラン紹介記事や番組が増える。漫画『美味しんぼ』が人気。カフェバーがブームに。1980（昭和55）年，ドトールコーヒー，1985（昭和60）年，ドミノ・ピザが1号店を出店。居酒屋チェーン，弁当チェーンが拡大。1986（昭和61）年，市場規模が20兆円を超えた。
1990	低価格化，新メニュー導入の時代。バブル景気が終わり，市場規模がピークに達した。店舗拡大による売上拡大路線が崩れる。客数減による売上減少で，前年割れの大手チェーンが相次ぐ。1993（平成5）年，すかいらーくが「ガスト」へ業態転換を加速，吉野家100円値引きセール。1995（平成7）年，マクドナルドがハンバーガーを大幅値下げなど低価格が広がる。サイゼリア，回転寿司，ラーメンチェーンなど低価格の店が躍進。価格競争の一方で，大型ショッピングセンターや商業施設内に新業態の外食店舗の出店やアジアンテイストなど新メニューの導入の動きが広がる。1996（平成8）年，スターバックスが1号店を出店。1997（平成9）年，市場規模29兆702億円でピークに達した。
2000〜	市場の成熟・飽和化，競争激化の時代。2000（平成13）年に入っても，市場規模の縮小傾向が続く。2005（平成17）年，24兆3,903億円に。2006（平成18）年，2007（平成19）年は，法人交際費の回復や一般家庭の外食支出額の増加などにより，前年実績を上回り，2006年24兆6,403億円，2007年24兆7,009億円となった。2008（平成20）年には24兆4,315億円と再び縮小。それ以降は，縮小と回復を繰り返し，2018（平成30）年，25兆7,692億円。市場規模縮小の中で，海外進出，M&A（企業の合併や買収），中食市場への参入，メニューの健康志向などの動きが広がっている。2019（令和元）年10月，外食の消費税が10％に増税，2020（令和2）年1月からの新型コロナウィルス感染症の拡大により，外食産業全体にかつてないほどの影響が及んでいる。

（資料：月刊食堂　日経MJ　日経レストラン　週刊ホテルレストラン）

年の3兆9,470億円がピークであったが，それ以降，大幅な縮小はみられず，2017（平成29）年には，3兆3,703億円となっている（図3-1）。

　外食市場は，生産年齢人口の拡大に支えられて伸びてきたが，生産年齢人口が1995（平成7）年の8,725万人でピークに達し，2018年には，7,545万人と大幅

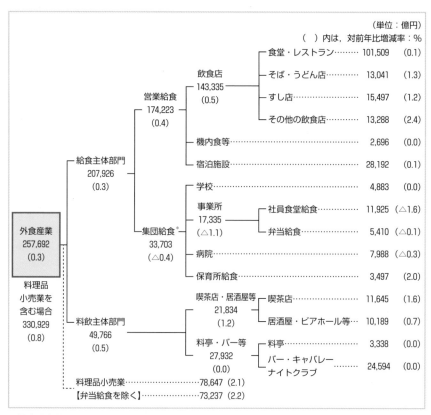

（単位：億円）
（　）内は，対前年比増減率：％

```
                                                         ┌─食堂・レストラン……… 101,509  (0.1)
                                                         │
                                            飲食店        ├─そば・うどん店………… 13,041  (1.3)
                                            143,335      │
                                            (0.5)        ├─すし店…………………… 15,497  (1.2)
                               営業給食       │           │
                               174,223      ┤           └─その他の飲食店………… 13,288  (2.4)
                               (0.4)        │
                                            ├─機内食等………………………………………… 2,696   (0.0)
                                            │
                 給食主体部門                 └─宿泊施設………………………………………… 28,192  (0.1)
                 207,926
                 (0.3)                       ┌─学校……………………………………………… 4,883   (0.0)
                                            │
                                            │事業所         ┌─社員食堂給食…………… 11,925 (△1.6)
                                            │17,335       ┤
                               集団給食 *     ┤(△1.1)       └─弁当給食……………… 5,410  (△0.1)
                               33,703       │
外食産業                         (△0.4)       ├─病院……………………………………………… 7,988  (△0.3)
257,692                                     │
(0.3)                                       └─保育所給食………………………………… 3,497   (2.0)

料理品                                       ┌─喫茶店・居酒屋等  ┌─喫茶店……………… 11,645  (1.6)
小売業を                                      │21,834       ┤
含む場合                                      │(1.2)         └─居酒屋・ビアホール等… 10,189  (0.7)
330,929          料飲主体部門                 ┤
(0.8)            49,766                     │料亭・バー等      ┌─料亭………………… 3,338   (0.0)
                 (0.5)                      │27,932       ┤
                                           └─(0.0)          └─バー・キャバレー
                                                              ナイトクラブ ……… 24,594  (0.0)

                 料理品小売業…………………………78,647 (2.1)
                 【弁当給食を除く】………………………73,237 (2.2)
```

＊特定給食施設およびその他の給食施設

図 3 - 1　2018（平成30）年外食産業市場規模推計値
（資料：日本フードサービス協会）

に減り，人口全体の 6 割を切った。また，2018年 1 月 1 日時点の，日本人の総人口は 1 億2,520万9,603人で， 9 年連続で減った。前年から37万4,055人減り，減少幅は1968（昭和43）年の調査開始以来，最大となった。生産年齢人口の減少，総人口の減少，外食率が低い60歳以上のシニア層の人口増などが今後の外食市場の伸びに影響を与えると予想される。

　こうした人口構造の変化に加え，2019（令和元）年10月に外食の消費税が 8 ％から10％へと上がったこと，さらに，2020（令和 2 ）年 1 月からの**新型コ**

ロナウイルス感染症の拡大により，外食産業全体がかつてないほどの打撃を受け，今後の市場規模に影響すると懸念される。日本フードサービス協会が会員企業を対象に毎月行っている市場動向調査では，2020年4月の外食全体の売上は前年同月比で4割減の60.4％となり，調査を始めた1994（平成6）年1月以降，最大の下げ幅となった。特に落ち込みが激しいのがパブ・居酒屋で，4月（8.6％），5月（10.0％）と2か月続けて前年比9割減となった。また，ディナーレストランが4月（16.0％），5月（28.5％），ファミリーレストランも4月（40.9％），5月（50.6％）と，大きく落ち込んだ。こうした中，居酒屋から食堂へと業態変更する店やテイクアウトの弁当や惣菜を導入する店もみられる。

6）中食と中食市場の動向

　中食は，ファストフードのテイクアウトによって一般化し，その後，コンビニエンスストア，百貨店，スーパーマーケット，外食店での弁当・惣菜の取り扱いの拡大，ピザや弁当などの宅配ビジネスの拡大などによって中食市場として開花していった。中食市場拡大の牽引役となったセブン-イレブンの第1号店は1974（昭和49）年，東京都江東区の豊洲に開店した。また，ほっかほっか亭の第1号店は1976（昭和51）年，埼玉県草加市にオープンした。

　ところで，1900年代の中頃に米国の外食業界でHMR（Home Meal Replacement：家庭料理の代行）というコンセプトが登場した。これは家で食べられる調理済み料理で，そのままで食事になり，バラエティに富み選択ができ，テイクアウト用にパッケージをした料理を指し，日本の中食商品にも通じる。

　また，1996年に開催された米国のスーパーマーケット業界団体であるFMIの年次大会において，MS（Meal Solution：食事問題の解決）というコンセプトが提唱された。これはそのまま食べられる完全調理済み，または加熱するだけで食べられ1回の食事になる食品を指している。MSやHMRのコンセプトに該当する食品には，日本の中食商品にあたる弁当，惣菜，サンドイッチ，調理パン，レトルト食品，冷凍食品，簡単に調理できる食品，味付けされた肉，必要な食材が一式詰め合わされた鍋物セットなどが含まれている。

　こうした中食商品を扱うわが国の中食市場は，日本フードサービス協会がま

てめている外食産業市場規模推計「料理品小売業（弁当給食を除く）」による
と，その規模が伸び続け，1997（平成９）年の３兆6,122億円から2007（平成19）
年には５兆6,581億円へと大きな伸びを示した。2008（平成20）年には前年比で
マイナス2.2％の５兆5,313億円となったが，2009（平成21）年から再び伸びに転
じ，2019（令和元）年には前年より1.7％増加し，７兆2,745億円となっている。
また，日本惣菜協会がまとめた『2020年版惣菜白書』によれば，2019年の惣菜
市場規模は10兆3,200億円となっている。

　新型コロナウイルス感染症の拡大は，外食市場だけでなく，中食市場にも大
きな影響を与えている。日本フランチャイズチェーン協会の発表では，中食市
場でシェア（市場占有率）トップのコンビニエンスストア大手７社が，2005
（平成17）年以来の大幅な客数減に直面している。特にオフィス街の店での落
ち込みが目立つ。片や日本スーパーマーケット協会の発表では，食料品を主に
販売する食品スーパーマーケットは，2020（令和２）年５月時点で４か月連続
の増収となっている。

　外出自粛や在宅勤務が続く中，食材を購入し自宅で調理して食する，内食が
増えている。食品スーパーマーケットが好調な理由は，青果・水産・畜産の生
鮮食品などの内食向け食材を主に扱っているからである。

（2）食の外部化をもたらした要因
1）食の外部化率の推移

　家庭で行っている食材の購入，調理，
提供，後片付けなどの家事を外部（外
食・中食）に置き換えることを，食の外
部化という。食の外部化率は，家計の食
料支出に占める外食と中食の合計支出の
割合で，（外食支出＋中食支出）÷（食
料支出額）×100で算出される。表3-3
に示した通り，わが国の食の外部化率

表3-3　食の外部化率の推移（単位：%）

年次	食の外部化率	年次	食の外部化率
1975	28.4	2000	44.8
1980	33.4	2005	44.9
1985	35.4	2010	43.6
1990	41.2	2015	43.6
1995	41.7	2018	43.7

（資料：日本フードサービス協会）

は，1975（昭和50）年の28.4％（外食率27.8％，中食率0.6％[※1]）から年々高まり，2018（平成30）年には43.7％（外食率34.0％，中食率9.7％）に達している。外食率はこの10年間ほぼ横ばいで推移しているのに対し，中食率（家計の食料支出に占める中食支出の割合）は20％以上高まっている。中食の伸びが目立つが，中食率はまだ外食率の3分の1以下であり，食の外部化に大きな影響を与えているのは，外食であるといえる。

※1　食の安全・安心財団の食の外食率と食の外部化率のデータより。中食率は，食の外部化率−外食率＝中食率で算出。

表3-4　年齢層別食の外部化率

(単位：％)

年齢層	食の外部化率	外食率	中食率
20歳代	58.0	41.5	16.5
30歳代	42.6	28.9	13.7
40歳代	38.4	24.6	13.8
50歳代	36.1	21.6	14.5
60歳代	27.9	13.6	14.4
70歳以上	24.9	11.2	13.7

（資料：内閣府　平成30年家計調査年報の「世帯人員・世帯主の年齢階級別1世帯当たり1か月間の収入と支出（総世帯）」をベースに外食支出÷食料支出×100％＝外食率，調理食品支出÷食料支出×100％＝中食率として算出

食の外部化率を年齢層別にみると，20歳代58.0％（外食率41.5％，中食率16.5％），30歳代42.6％（28.9％，13.7％），40歳代38.4％（24.6％，13.8％），50歳代36.1％（21.6％，14.5％），60歳代27.9％（13.6％，14.4％），70歳以上，24.9％（11.2％，13.7％）となっており，年齢が高まるに従い低くなる傾向が見られる。その中で，外食率は年齢が高まるにつれて低下するのに比べ，中食率は下がらず，逆に，30歳代に比べ50歳代，60歳代では高くなっている（表3-4）。

2）食の外部化をもたらした要因

食の外部化をもたらした主な要因を以下にあげる。

①　**世帯構造の変化**　兼業主婦・高齢化・核家族化・単身世帯・夫婦のみの世帯の増加による，家庭での調理を省力化したいと考える人の増加。

②　**ライフスタイルの変化**　外で食べる・買ってきたものを食べる・宅配を利用するというライフスタイルの定着化。

③　**多様な外食店の登場**　食欲を満たす食事から楽しむ食事へというニーズに対応して，さまざまな外食店が登場した。

④ **電子レンジの普及**　買ってきたものを簡単に温めることができる電子レンジの普及が中食の拡大につながった。

⑤ **中食商品のバラエティ化**　弁当・おにぎり・調理パンなどで新しい商品が導入され，種類も増え，中食の利用の促進になった。

⑥ **食情報の普及**　テレビ，新聞，雑誌などで毎日，外食や中食に関する情報が流され，外食・中食の利用の促進になった。

2．外食産業のマーチャンダイジング

（1）外食産業の業態

1）業　　態

マーチャンダイジング（merchandising）とは，適正な商品・サービスを，適正な場所で，適正な時期に，適正な数量を，適正な価格で提供する計画と管理のことである。まず，外食産業のマーチャンダイジングを解説する。

食品小売業が**業種・業態**で分類されるように（p.50），外食産業も，業種による分類と業態による分類がある。業種とは日本料理店，中華料理店，ラーメン店，焼肉店など，「主に販売しているメニューの種類」による区分を表わすのに対し，業態とは経営や運営の方法による区分を指す。小売業における，百貨店，スーパーマーケット，コンビニエンスストア，100円ショップなどは，業態を表わす。外食産業の業態としては，表3-5に示すようにファストフード店，ファミリーレストラン，カジュアルレストラン，ディナーレストラン，カフェ，回転すし，宅配専門店，立ち食い・立ち飲み店などがあげられる。外食業界では，業種と業態とを組み合わせて表現することが一般的であり，「牛丼店（業種）をファストフード店（業態）として運営する」「イタリア料理店（業種）を立ち食い店（業態）方式で展開する」などといわれる。

2）チェーンレストラン

わが国の外食産業市場では，1970（昭和45）年を起点にチェーンレストランが次々に登場し，市場の拡大に拍車がかかった。レストランのチェーン化を支

表3-5　外食産業の業態例

業態	客単価	料理提供までの時間	サービス方式	備考
ファストフード	～700円	3分以内	セルフサービス	ハンバーガー，ドーナツ，牛丼などさまざまな業種でみられる
ファミリーレストラン	700円～1,500円	3～10分	テーブルサービス	80席以上（商業統計の基準）
カジュアルレストラン	1,500円～2,000円	3～10分	テーブルサービス	ファミリーレストランとディナーレストランの中間的業態
ディナーレストラン	2,000円以上	10分以上	テーブルサービス	夕食中心の高級専門店

（注）上記の数値はあくまで目安である。上記以外に，カフェ，回転すし，宅配専門店，立ち食い・立ち飲み店などの業態が知られる。

えたのが，モータリゼーションであった。

　レストランのチェーン化の実現には，店舗運営の効率を高めることが必要であり，そのために行われたのは，食材の一括調達，人事管理，経理・財務管理，経営戦略，店舗開発などを担う「本部（本社）」と，運営を担う「店舗」に機能を分化することであった。また，徹底した標準化とシステム化を図るため，調理やサービスにおける標準を規定した「マニュアル」，「QSC」が導入された。QSCとは，quality（品質），service（サービス），cleanliness（クレンリネス，清潔）の頭文字をとったものである。さらに，調理システムの推進のためにセントラルキッチン[2]やカミサリー[3]を導入する企業も多い。

　　※2　セントラルキッチン（central kitchen：CK）とは，各店舗で使う食材を一括下処理・調理加工する集中調理加工場のことである。
　　※3　カミサリー（commissary）とは，各店舗で使用する食材の小分けを行い配送する物流の拠点となる施設である。カミサリーには，料理の前工程の洗浄や下処理などの設備を備えたものもある。

3）フランチャイズ（FC）システム

フランチャイズシステムにおいては，フランチャイズ事業の主宰者（フラン

チャイザー）が，フランチャイズ事業の加盟店（フランチャイジー）と契約を結び，自己の商標，サービスマーク，トレードネームその他の営業の象徴となる商標，および経営のノウハウを用いて同一のイメージのもとに商品の販売その他の事業を行う権利を与える。一方フランチャイジーはその見返りとして一定の対価（ロイヤリティ）をフランチャイザーに支払い，事業に必要な資金を投下してフランチャイザーの指導および援助のもとに事業を行う。

　19世紀にアメリカで誕生したフランチャイズシステムが日本に入ってきたのは，1960年代である。わが国のフードビジネス業界で最初にフランチャイズシステムを導入したのは，日本コカ・コーラ社だといわれている。1963（昭和38）年には，不二家が洋菓子店のフランチャイズ1号店を出店した。その後，1970（昭和45）年，マクドナルド，ミスタードーナッツ，ケンタッキーフライドチキンなど，外資系フランチャイズシステムの日本進出が相次いだ。その後，ファストフード，ファミリーレストランを中心にフランチャイズシステムの導入が全国に広がり，日本の外食産業の市場規模の拡大に貢献していった。

　日本フランチャイズチェーン協会に加盟する外食フランチャイズのチェーン数は，2018（平成30）年度時点で568チェーン，57,743店舗となっており，売上高は約4兆2,688億円で，外食産業全体の約16.6％を占めている。

（2）外食産業の食材流通——輸入食材と国産食材

　外食企業における売上高食材費率は，日本フードサービス協会によると約35％であることから，外食産業における食材費を推計すると，約9兆1,000億円規模になる。国産食材と輸入食材の品目別利用率を表3-6から見ると，国産食材の利用率が最も高い品目が野菜の85％であり，次いで穀物83％，果実59％，畜産物55％，加工食品52％，水産物38％の順となっている。

　また，外食産業における国産食材の利用率を表3-7から業態別にみると，利用率が最も高い業態がディナーレストランの72％，次いでカジュアルレストラン70％，ファミリーレストラン64％，ファストフード52％，その他49％の順となっている。客単価の高い業態ほど，国産食材の利用率が高くなっている。

表3-6　外食産業の品目別国産品と
　　　　輸入品の割合

(単位：%)

品目	国産	輸入
穀物	83	17
野菜（生鮮・冷蔵）	85	15
果実（生鮮・冷蔵）	59	41
畜産物（生鮮・冷蔵・冷凍）	55	45
水産物（生鮮・冷蔵・冷凍）	38	62
加工食品等（半加工品，製品）	52	48

（資料：農林水産省　外食産業に関する基本
　調査結果　2009）

表3-7　外食産業の業態別国産品と
　　　　輸入品の割合

(単位：%)

業態	国産	輸入
ファストフード	52	48
ファミリーレストラン	64	36
カジュアルレストラン	70	30
ディナーレストラン	72	28
その他	49	51

（資料：農林水産省　外食産業に関する
　基本調査結果　2009）

　わが国の外食産業において，輸入食材の利用が拡大したのが1980年代中頃からである。その背景には，農産物の輸入自由化，円高の定着，内外価格差の拡大などがあった。また，1970年代からの急速な店舗数の拡大により，大量の食材を安価で安定的に調達するというニーズが高まっていったことも輸入食材の利用の促進につながった。

　しかし，2008（平成20）年に起きた中国製ギョーザの中毒事件などの不祥事を契機に，消費者の国産志向が高まったことに対応し，国産食材を使ったメニューを出す外食企業が徐々に増加していった。その後，2014（平成26）年7月に大手ファストフード企業が消費期限切れの中国産鶏肉を使用していた問題が発覚し，マスコミに大きく取り上げられたことで，外食産業での国産食材の利用に拍車がかかった。さらに円安によって国内産と海外産の価格差が縮小していることも，国産食材の利用を後押ししている。現在，外食産業で食材の国産化を進めている事例として，①「リンガーハット」では，ちゃんぽんで使用する野菜のすべてを国内産にし，めんに使う小麦も2010（平成22）年に国産化，ギョーザの主原料も2013（平成25）年にはすべて国内産へ切り替えた。②「餃子の王将」を運営する王将フードサービスは，全店で販売するギョーザの主要食材およびめん類に使用している小麦粉の原産地を100％国内産へ切り替えた。③ロイヤルホールディングスは，ファミリーレストラン「ロイヤルホス

ト」などグループの飲食店で使う食材のうち，野菜や魚介類を国産品などに順次切り替えた。④日本KFCホールディングスは，運営している「ケンタッキーフライドチキン」の店舗で使用する鶏肉を全て国内産に切り替えた。⑤「モスバーガー」は，国産の肉と野菜を使用したハンバーガー「とびきりシリーズ」を販売した。⑥焼き鳥チェーンの「鳥貴族」は，創業当初から鶏肉は国内産を使用しているが，ネギなどの食材も国内産に切り替えた。

消費者の安全・安心志向に対応し，今後も食材を国内産に切り替える外食企業がさらに増えることが予想される。

3．中食産業のマーチャンダイジング

（1）中食産業の業態

1）業 態 概 要

日本惣菜協会では，中食の業態を，「専門店・他」，「百貨店」，「総合スーパー」，「食品スーパー」，「コンビニエンスストア」の５つに分類しているが，外食産業におけるテイクアウトや宅配も中食に含むと，表3-8に示すように，業態はもっと多岐にわたる。

2）中食市場と中食商品

① 惣 菜　中食に含まれる惣菜について，日本惣菜協会は，「市販の弁当や惣菜など，家庭外で調理・加工された食品を家庭や職場・学校・屋外など

表3-8　中食の業態

百貨店	惣菜専門店
総合スーパー	持ち帰り弁当店
食品スーパー	精肉店
コンビニエンスストア	ファストフード店等飲食店のテイクアウト
コンビニエンスストア・スーパー等の宅配	ファストフード店等飲食店の宅配
コンビニエンスストア等の移動販売	宅配専門店

（資料：日本惣菜協会　惣菜白書，経済産業省　工業統計および商業統計，日本フードサービス協会　外食産業統計資料集）

に持ち帰ってすぐに（調理加熱することなく）食べられる，日持ちのしない調理済食品（事業所向け給食および，調理冷凍食品やレトルト食品など比較的保存性の高い食品は除外している）」と定義しており，さらに，惣菜は，一般的には副食物・おかずを指すが，ごはんやパン，めん類と組み合わせて弁当，サンドイッチ等として製造・販売されるものが増加し，惣菜製造業者の大部分もこれらを含めて取り扱っているため，日本惣菜協会ではこれらを含めて「惣菜」と定義している。また「そうざい」は惣菜，そうざい，総菜などに表記されるが，日本惣菜協会では「惣菜」と表記している。日本惣菜協会が「惣菜」として掲げている品目を表3-9に示した。

② **料理品**　日本フードサービス協会がまとめている「外食産業市場規模推計」において「料理品」とされているのが，中食に当たる。同協会では，飲食店においてテイクアウトの売上比率が全売上高の50％未満の場合には，この飲食店の売上はすべて飲食店の市場規模に含め，50％以上の場合にはすべて中食産業（料理品小売業）に含めることとしている。

表3-9　惣菜の分類

品　目	内　　容
焼き物	焼き魚，うなぎの蒲焼き，焼き鳥，卵焼き，ハンバーグ，グラタンなど
煮物	煮魚，煮豆，うの花，野菜の煮物，ひじきの煮物，おでんなど
揚げ物	天ぷら，鶏の唐揚げ，いか・えびフライ，豚カツ，コロッケ，肉だんご，春巻きなど
蒸し物	ギョーザ，シューマイ，茶碗蒸し，肉まんなど
和え物	ポテトサラダ，野菜サラダ，酢の物，野菜のごま和えなど
炒め物	きんぴら，野菜・肉の炒めものなど
弁　当	和風，洋風，中華風弁当など
米飯類	おにぎり，おこわ（類），炊き込みご飯，いなり寿司，ちらし寿司，にぎり寿司，巻寿司など
調理パン	コロッケパン，焼きそばパン，サンドイッチなど
麺　類	うどん，そば，焼うどん，焼きそば，パスタ類など
袋物惣菜	ポテトサラダ等のサラダ，肉じゃが，鯖の味噌煮など
その他	お好み焼き，たこ焼きなど，以上の分類に含まれないもの

（資料：日本惣菜協会　2020年版惣菜白書）

3）中食産業のビジネスモデル「ロック・フィールド」

第41回日本の飲食業調査「2019年度店舗売上高」に示されている上位50位以内に中食（持ち帰り・料理品小売）企業として紹介されているのは，7位「プレナス（ほっともっと，やよい軒など）」，29位「フォーシーズ（ピザーラ，TO THE HERBS，クア・アイナなど）」，33位「ハークスレー（ほっかほっか亭，アルヘイム，楓の木など）」，39位「ロック・フィールド（RF1，神戸コロッケなど）」，45位「オリジン東秀（オリジン弁当，キッチンオリジン，中華東秀など）」の5社である。これらの企業が中食産業のリーディングカンパニーといえる。この中で，製販一体，多ブランド展開というユニークな経営を行っている「ロック・フィールド」を中食産業のビジネスモデルとして取り上げる。

① **惣菜店の多ブランドの展開**　ロック・フィールドは，代表取締役会長の岩田弘三氏が1965（昭和40）年に神戸で神戸ビーフのステーキ，ハンバーグの「レストランフック」を開業し，1972（昭和47）年にロック・フィールドを創業した。現在，サラダ・惣菜の「RF1（アール・エフ・ワン）」，コロッケの「神戸コロッケ」，フレッシュジュース・スープの「VEGETERIA（ベジテリア）」，和惣菜の「いとはん」，アジアンテイストの惣菜の「融合」，和・洋・アジアの惣菜「Green gourmet（グリーン・グルメ）」などの多数のブランドで，主にデパ地下や駅構内で314店舗を展開するほか，冷凍・冷蔵キットタイプの惣菜の宅配，中国上海市での出店などを行っている。新型コロナウイルス感染症拡大の影響で，2020（令和2）年1月下旬以降，主に都心・観光地周辺店舗の来店客数が減少し，2月下旬以降は営業時間短縮・臨時休業実施が拡大された結果，2020年4月期の年商は昨年より6.5%減の476億6,700万円となった。

② **製販一体のビジネスモデル**　同社の最大の特徴は，仕入から商品企画，製造，物流，販売までが一貫した製販一体のビジネスモデルである。製造の拠点は，神戸ファクトリー，静岡ファクトリー，玉川（神奈川県）ファクトリーの3工場を保有し，1日当たり47トンの商品を生産している。

③ **ザ・ミライ・サラダカンパニー**　同社は，これまでの常識になかった豊かな惣菜を提案したいということから，惣菜ではなく「SOZAI」と表記し

ている。岩田会長は同社の経営理念として，「SOZAIへの情熱と自ら変革する行動力を持って，豊かなライフスタイルの創造に貢献するザ・ミライ・サラダカンパニーとして，これまで培ってきた実績を経営資源として，サラダ，野菜を中心に健康的な新しい食生活提案を進めてまいります。お客様の健康，家族の健康，この国の健康，そして，一人ひとりの生きるチカラを高めていく上で，食と健康をテーマに豊かなライフスタイルの創造に貢献してまいります」と述べている。

（2）中食産業の販売形態

1）惣菜の販売形態別市場

日本惣菜協会の『2020年版惣菜白書』によれば，2019（令和元）年の惣菜市場の規模は，前年より0.7％増え，10兆3,200億円であった。表3-10に示した通り，2003（平成15）年の6兆9,684億円から一貫して伸び続け，2017（平成29）年には10兆円を超えた。2003〜2019年の市場全体の伸び率は48.1％であるが，業態（販売形態）別の伸び率を見ると，最も高い伸びを示しているのが食品スーパー（85.4％）で，次いでコンビニエンスストア（79.3％），専門店・他（25.0％），総合スーパー（14.2％）の順となっている。百貨店だけが縮小（マイナス21.4％）している。2019年における各業態の構成比を見ると，コンビニエンスストアがトップで32.6％，次いで専門店・他（28.1％），食品スーパー（26.6％），総合スーパー（9.3％），百貨店（3.4％）の順となっている。

2）料理品小売業の市場規模

料理品小売業の市場規模の推移については，表3-11に示した通りである。1997（平成9）年における外食産業の市場規模が29兆円でピークを迎え，それ以降は，縮小傾向が続いているのに対し，料理品小売業の市場規模は拡大傾向を示し，1997年の約3兆6,000億円が，2019（令和元）年には約7兆2,000億円と2倍もの伸びを示している。

表 3 -10　惣菜市場規模の業態（販売形態）別推移　　　　（単位：億円）

年次	専門店・他	百貨店	総　合スーパー	食　品スーパー	コンビニエンスストア	合計
2003	23,170	4,529	8,444	14,779	18,762	69,684
2004	23,539	4,421	8,842	15,620	19,475	71,897
2005	25,892	4,329	8,895	16,739	19,949	75,804
2006	27,081	4,136	8,993	17,794	20,124	78,129
2007	27,802	4,138	9,088	18,467	19,997	79,491
2008	28,641	4,091	9,115	19,352	20,957	82,156
2009	27,788	3,774	8,955	19,534	20,490	80,541
2010	27,800	3,629	8,943	19,788	21,079	81,238
2011	28,164	3,686	9,097	20,344	22,286	83,578
2012	28,249	3,727	9,070	20,690	23,400	85,137
2013	28,636	3,718	9,233	21,597	25,776	88,962
2014	28,788	3,699	9,203	22,987	27,928	92,605
2015	28,763	3,712	9,170	24,526	29,644	95,814
2016	29,024	3,675	9,149	25,417	31,134	98,400
2017	29,204	3,643	9,212	26,205	32,289	100,555
2018	29,542	3,596	9,481	26,824	33,074	102,518
2019	28,961	3,560	9,639	27,407	33,633	103,200

（資料：日本惣菜協会　2014～2020年版惣菜白書）

表 3 -11　料理品小売業の市場規模の推移

（単位：億円）

年次	市場規模	年次	市場規模
1997	36,122	2011	57,783
2004	5,3196	2012	59,467
2005	55,158	2013	59,803
2006	56,047	2014	62,468
2007	56,581	2015	66,053
2008	55,313	2016	70,075
2009	55,682	2017	70,752
2010	56,893	2018	71,494
		2019	72,745

（資料：日本フードサービス協会　外食産
業市場規模推計）

主要食品の流通

★ 概要とねらい

　本章の内容は，日本人の食生活になじみ深い主要な食品の流通についての解説である。本題に入る前に，予備知識として，食品の分類，食品の流通特性と流通経路，温度帯別食品流通の3点を学んだ後，それらを踏まえて，流通特性，技術発展，法制度の変化等との関係を考えながら各食品の流通を理解してもらう構成となっている。

　「1．食品の分類と流通の特性」では，目的や視点に応じた多様な食品の分類の存在，商品の統計分類の国内的・国際的状況や，多様な食品流通の全体像，食品の流通特性による流通経路の選択のロジック，そして，3温度帯あるいは4温度帯に区分した物流管理，冷蔵・冷凍を中心としたコールドチェーンについて学んだ上で，各分類別の流通について理解を深めてほしい。

　各食品流通の内容を一部抜粋すると，米・小麦では，国内流通は自由化されているが，輸入については，国家貿易により管理されている。青果物，魚介・魚介加工品，牛肉・豚肉は，卸売市場を経由するが，近年卸売市場経由率の減少がみられ，卸売市場流通内においてもセリ取引が減少し，相対取引が増加している。また，魚介・魚介加工品には産地市場が存在し，牛肉・豚肉では，卸売市場経由率が従来から低く，セリ取引による建値形成が目的となっている。加工食品の中でも中食商品，生菓子などでは，短い流通経路が選択される。

　本章を通して，食品それぞれの流通の特徴を深く理解してもらいたい。

1．食品の分類と流通の特性

（1）食品の分類

　本章では，日本人の食生活になじみ深い主要な食品の流通について解説する。便宜的に主食，副食，調味料等，中食，嗜好食品に区分しているが，食品の分類はそれ自体大きなテーマであり，目的や視点によって対象範囲や区分が異なることを知っておいてほしい。

　生産方式からの農産食品，畜産食品，水産食品，林産食品，加工食品という分類，原料起源からの動物性食品，植物性食品，鉱物性食品という分類，その他にも栄養学的な視点からの分類など多様な分類がなされている[1]。

　食品は，食料や食べ物とほぼ同義で用いられるが，特に商品としての意味合いを持つものでもある。そのため，民間の企業や業界で独自に商品分類が行われている一方で，公的統計作成に係る技術的な基準として，**日本標準商品分類**（JSCC）が1950（昭和25）年3月に設定されている。

　日本標準商品分類は，産業構造の変化等に対応して改定されており（最終改定1990（平成2）年6月），大分類，中分類，小分類，細分類，細々分類，6桁分類の順に標準分類番号を配列することで商品を整理している。このうち大分類の「7．食料品，飲料及び製造たばこ」に食品が含まれる。ただし日本標準産業分類や日本標準職業分類などとは異なり，統計法上の統計基準ではないことから公的統計での使用が義務づけられていない[2]。

　日本標準商品分類を参考としつつも統計ごとに独自の分類がなされているのであり，国内統計間の分類の相違点には注意しなければならない。また，商品は，国内での流通に限らず，国と国との間を貿易という形で往来している。国ごと，あるいは同じ国の輸出と輸入でも流通する商品が異なることがあり，商品の分類はより複雑で広範となる。このような国際的な視点あるいは世界的な視点から国際組織による統計基準も作成されている。

　1950年に国連で採択されたのが**標準国際貿易商品分類**（SITC）であり，

1951年以降の国連の貿易統計は, すべてこの方式で発表されている。これに対して, 関税協力理事会（現WCO：世界税関機構）で1983年に作成されたのが, 「商品の名称及び分類についての統一システム（Harmonized Commodity Description and Coding System）に関する国際条約（HS条約）」に基づく**HSコード**である。現在はHSコードに準拠する形で貿易統計を公表する国がほとんどであり, 日本の貿易統計も同様である。

　HSコードでは, あらゆる貿易対象品目を21の「部」（Section）に大分類し（食品は第1〜4部の中に振り分けられている）, 6桁の数字で表している。6桁のうち, 上2桁を類（Chapter）, 類を含む上4桁を項（Heading）, 項を含む上6桁を号（Sub-heading）として国際的に共通の分類とし, 7桁以降は国内法で独自に定められる[3]。

　さらに1997年には, 国連が国際的な統計分類の調和およびさまざまな統計の国際比較のための枠組みの提供を目的として, **中央生産物分類**（CPC）を採択している。この他にも国連が国民経済計算（SNA）のために設定した**目的別家計消費分類**（COICOP）があるが, これらの国際的な商品分類間では互換性が確保されてきており, 国内の統計分類についても, これら国際的な統計分類との間で互換性を確保することが課題となっている[4]。

（2）食品の流通特性と流通経路

　食品流通の概略を図4-1に示した。食品流通の出発点は, 農産物, 畜産物, 水産物等の一次産品の生産である。商品ということで, 自給的なものを除くならば, 最も短い流通経路は生産者による消費者への小売り（直売）ということになる。しかし, 一次産品は, 生産に季節性がある上に保存できる期間が短いことや地域性があって産地と消費地が離れていることが多い。そのため, 短期間で販売しなければいけないが, 直売だけでは対応が難しいというのが実情である。

　もう少し広範に流通することを考えると, 生産者から小売業者, 小売業者から消費者への流通が行われる。これをさらに進めると, 生産者と小売業者の間

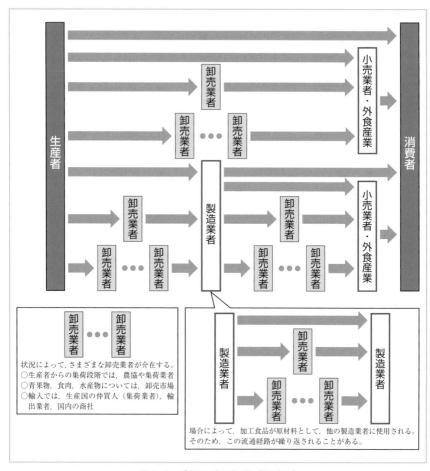

図4-1　食品の流通経路（概略図）

に卸売業者が介在するようになる。さらには，中間に入る卸売業者が複数に
なっていくこともありえる。また，前述しているように青果物，水産物，食肉
の流通では，卸売段階に卸売市場が介在するという特徴がある。

　加工食品になると，生産者と消費者の間のどこかに製造業者が入ることにな
る。もっとも短い経路は，生産者から原料となる一次産品を仕入れて加工し，
製造業者が消費者に直接販売（製造小売）をすることである。保存期間の短い

加工食品については，製造後短期間に販売できるように，消費地にある製造業者による製造小売が発展したものもある。保存期間や販売機会の確保を考慮しつつ，小売業者に販売したり（製造業者による製造卸），他の食品同様に卸売業者が介在していくことになる。特に保存期間の長い食品であれば，卸売業者が複数介在することも可能であり，それによって販売機会が広がるのであれば，流通経路は伸びていく。

　また，加工食品は，最終商品の違いによって，一次加工，二次加工と複数の加工段階を経ることもある。それぞれの加工が別の製造業者によって担われるのであれば，製造業者から製造業者への流通経路も追加される。

　こうして長くつながった複数の卸売業者を経由する複雑な流通が，日本の食品流通の特徴とされてきたが，そのような状況にも変化が生じている。大手の卸売業者によって，二次卸，三次卸が吸収・合併されてきたのである。これは，小売業でのスーパーマーケットのシェア拡大に対応して，品ぞろえの総合化・中間流通経路の短縮を図るものである。

　食品流通では，国内流通に加えて，海外からの一次産品や加工食品（一次加工品を含む）の輸入が広く行われている。輸入品の中には国内で生産できないものもあるが，多くは国内よりも低価格で購入できるものである。このような輸入では，生産・製造国側での卸売業者として，生産者からの集荷をする**仲買人**（集荷業者）や外国への輸出を行う輸出業者が介在する。また，国内側で輸入を行う卸売業者としては，商社が重要な役割を果たしている。

　食品の流通経路は1種類ではなく，いくつもの経路が存在し，それは海外にもまたがっている。そして，食品によってウェイトの差はあるが，同じ食品であっても複数の経路が存在していることが通常である。

　もう1つ，法律や行政の関与が食品流通に重要な役割を持つことを忘れてはならない。卸売市場をはじめとする流通の途中段階に登場する施設には，法律や行政指導に基づき設置されるものがある。また，国家貿易や関税を通じて，海外からの輸入については制約がかかる。法律の改正や行政の変化によって自由化の方向に動いている場合もあり，その点も含めて見ていく必要がある。

（3）温度帯別食品流通（常温流通・冷蔵流通・冷凍流通・定温流通）

　食品は微生物の働き等により変質し，その程度は食品の種類によっても異な
る。そのため，食品の種類ごとに流通経路に工夫がなされてきたが，近年の温
度帯別の管理の発展は，そのあり方に変化を生じさせるものとなっている。

　一般的には，常温（ドライ），冷蔵（チルド），冷凍（フローズン）の3温度
帯，あるいはこれに定温（あるいは恒温）を加えた4温度帯に区分されている。
この区分についての統一的な決まりはなく，物流の現場ではさらに詳細な区分
設定がなされている場合もある。

　常温は特定の温度管理を行わない状態を意味するが，実際には10〜20℃で管
理されていることが多い。冷蔵は0〜10℃，冷凍は広くは0℃以下となるが，
冷凍食品については−18℃以下の業界基準がある。定温は，冷蔵・冷凍を含ま
ない10℃以上の特定の温度を一定の範囲内に保つものである。

　また，冷蔵，冷凍とは別に，1975（昭和50）年に農林省（現・農林水産省）の
食品低温流通推進協議会がチルド食品を−5から5℃の温度帯で流通する食品
と定義している[5]が，現在は0℃前後の食品が凍り始める前の温度帯をチル
ド，0℃より低く食品が凍り始める温度帯（概ね−4〜0℃の間）を**氷温域**[6]
と呼んでいる。この氷温域を利用した技術として，氷温貯蔵や食品の表層だけ
を凍らせるパーシャルフリージングが知られている。

　日本冷凍食品協会の「冷凍食品自主的取扱基準」の中では，冷凍食品を「前
処理している」「急速凍結している」「適切に包装している」「品温を−18℃以
下で保管している」の4条件を満たすように作られたものとしている[7]。安全
面だけではなく品質面から−18℃以下の定着を目指したものであるが，自主基
準であるとともに，前処理をせずに生鮮食品をそのまま凍結したものなどは冷
凍食品に含まれないことに注意が必要である。法的には，食品衛生法で冷凍食
品を−15℃以下で管理することが規定されており，倉庫業においては，倉庫業
法で−20℃以下の温度帯がF級（冷凍）と定められている。

　定温流通については，「定温管理流通加工食品の日本農林規格」が2009（平
成21）年4月に制定されたが，この規格の認証を取得する事業者がなかったこ

とにより2019（平成31）年4月に廃止となっている。ただし，定温流通自体は，すし，弁当，おにぎりなどの配送で幅広く利用され定着している。

　冷蔵・冷凍技術の発展は，コールドチェーンの構築につながり，食品の長期保存・広域流通を可能にした。コールドチェーンとは，生産・製造の現場から小売の現場までの流通の全過程における低温管理を意味し，国内では冷蔵あるいは冷凍の温度帯を低温としているのが一般的である。

　日本では，コールドチェーンの国際標準化を目指した取り組みも進めており，2018（平成30）年にはASEANとの間でガイドライン（日ASEANコールドチェーン物流ガイドライン）が策定された[8]。

2．主食の流通

（1）米 の 流 通

　主食は中心となるエネルギー源を得るための食品であり，穀物やイモ類が該当する。現代の日本では，米と小麦が中心となっている。米は，収穫後乾燥・籾摺りをして貯蔵し，多くは精米してから出荷することから，農協等が管理する共同施設（カントリーエレベーターやライスセンター）が利用されている。ただし，農協を通さずに卸売業者，小売業者等に販売するケースも増えているため，農家や農業法人が個別に乾燥機・精米機を装備していることもある。

　1942（昭和17）年に施行された食糧管理法では，米の流通を政府の管理の下に行っていたが，「**主要食糧の需給及び価格の安定に関する法律**」（以下，食糧法）が1995（平成7）年に施行され，2004（平成16）年の改正により全面的な民間流通に移行し，政府は米の備蓄等を行う補完的な立場となっている。

　この改正により米の集荷業者は登録制になり，スーパーマーケットや外食産業などの新たな業態も米の流通に参加することが可能となった。そのため，かつては限定されていた米の流通ルートが多様化し，生産者と卸売業者，小売業者，消費者が直接取引するケースも出てきている。しかしながら，生産者から農協あるいは集荷業者が米を集荷して，まとまった量で卸売業者，小売業者と

取引する従来からの流通ルートが現在も大きな割合を占めている。

　米の消費量は長期的に減少傾向が続いていることもあり，自給率は90％以上を維持している。米の輸入については，1995（平成7）年に一定の数量など最低限の輸入機会を設定する仕組みである**ミニマムアクセス**が導入され現在も継続している。これにより政府を経由して一定量の米が無税で輸入されるようになったが，国内米の需給に影響を与えないように政府が一元的に購入し，直接製造業者等の実需者に販売している。1999（平成11）年には米も関税化されたが，高額な関税措置によって民間での輸入量は限定されたままである[9]。

（2）小麦・小麦粉の流通

　米も製粉されることがあるが，小麦は基本的に製粉の工程を経るのが流通上の特色となる。また，消費者が小麦粉の形態で購入する量はわずかであり，多くはパン，めん類，菓子類などの二次加工後に消費される。すなわち流通経路の途中に製造業者が介在し，それが複数であることが多い。

　小麦も食糧管理法の時代には，政府が買い上げてから売り渡すという米同様の政策がとられていた作物であったが，食糧法施行後，国内産の小麦は，民間での自由な取引に移行している。そのため，生産者から製粉業者に販売され，製粉業者による製粉後に，二次加工をする製造業者，さらに外食，中食，小売業者等へと販売される。国内で生産された小麦は，その品質上うどんに加工されることが通常であるが，うどんについても，その原料小麦の多くが輸入に依存する形になっている。小麦全体で見ると，9割が輸入されたものである。

　輸入小麦については，政府以外の者が輸入する場合には高い関税がかけられるため，現在も政府が輸入業者から一括で買い上げ，製粉業者等に直接販売するという国家貿易の方式が続いている。製粉業者等から消費者に至る流通経路は国産小麦と同様である[10]。

（3）消費者による米と小麦食品の購入

　表4-1に穀類の購入先別消費支出割合を示した。米の購入先では，スーパー

表4-1　穀類の購入先別消費支出割合　　　　（単位：%）

	穀類	米	パン	めん類	他の穀類
一般小売店	14.6	12.5	21.6	6.7	9.7
スーパー	53.3	38.8	54.9	69.1	63.5
コンビニエンスストア	5.5	0.5	9.8	6.3	0.9
百貨店	2.3	0.7	3.9	1.8	3.1
生協・購買	4.6	6.4	2.9	4.6	6.9
ディスカウントストア・量販専門店	4.2	3.8	3.4	5.4	6.9
通信販売（インターネット）	0.7	1.3	0.1	0.5	1.9
通信販売（その他）	1.6	2.2	0.6	2.1	3.8
その他	13.1	33.9	2.8	3.5	3.1
合計	100.0	100.0	100.0	100.0	100.0

（資料：総務省　平成26年全国消費実態調査）

マーケットが全体の4割近くを占めて1位となっている。次いで，一般小売店が12.5%，生協・購買が6.4%，ディスカウントストア・量販専門店が3.8%で，いずれも食料全体の平均を上回っている。一般小売店や生協は，配達をしてもらえる利便性から買い物弱者の利用が大きいと考えられ，逆にディスカウントストア・量販専門店に含まれるホームセンターでは，車での来店によるまとめ買い，大容量のパッケージ商品の購入に対応していることが考えられる。

　生鮮食品と比べると店頭での管理が容易であるため，ドラッグストアなど幅広い店舗形態での取り扱いがみられるのも特徴である。また，その他も33.9%と多いが，生産者からの直接販売など多様な購入方法が含まれ，米を食べるのが外食になっている事情もうかがえる。炊飯器を所持しない世帯もあり，家庭で米を炊くことが少なくなっているのである。

　一方の小麦食品では，パンとめん類の購入先で，スーパーマーケットの割合がもっとも高く，次いで一般小売店となる。ただしめん類では，スーパーマーケットが7割近くと圧倒的に多く一般小売店が6.7%と1割に満たないのに対

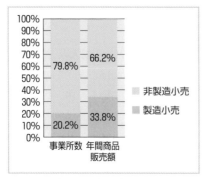

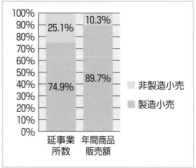

図4-2 パンの小売業態別の事業所数お
　　　よび年間商品販売額割合
（資料：総務省　平成26年商業統計品目編）

図4-3 パン小売業の延事業所数および
　　　年間商品販売額割合
（資料：図4-2に同じ）

して，パンでは一般小売店が2割を超えている。これは，製造小売店が多いた
めである。パンを小売した事業所数のうち約2割，パンの年間商品販売額のう
ち3割以上が製造小売であった（図4-2）。パンを主に販売しているパン小売
業に限ってみると（いわゆるパン屋），事業所数の7割以上，年間商品販売額の
約9割が製造小売となっている（図4-3）。

　購入先の3位にはコンビニエンスストアが入っているが，パンやめん類は，
中食としても利用されるため食料全体の平均と比べてもやや高い傾向にある。

3．副食の流通

（1）青果物の流通

　国内の青果物は，農協や集荷業者が生産者から集荷し，量をまとめてから卸
売市場に出荷する流通経路が，現在も大きなウェイトを占めている。集荷につ
いて，農協が大きな役割を果たしている理由の1つは，予冷やCA貯蔵，選果，
パッキングなど収穫後から出荷までの間の作業負担が大きく，個別の農家でも
一部行われてはいるものの共同で行う方が効率的だからである。
　予冷とは，収穫後，輸送前に品温をなるべく早く，障害が生じない低温まで
下げ，呼吸量を小さくして鮮度と品質を保持する方法である。予冷すること

で，輸送中の損傷や病害発生のリスクを減じることができる。

CA貯蔵は，収穫後に呼吸が増大し，**追熟**する果実などに対して，CO_2濃度を高め，O_2濃度を低めた**CA状態**（不透過性プラスチックフィルム包装（**MA包装**））で追熟を抑制する方法である。リンゴや青果物などで行われており，長期の保存・出荷を可能にする。

選果は，青果物を等級や階級に分ける工程で，**等級**は，形や色などの外観的品質あるいは糖度などからの区分（秀，優，良，格外など），**階級**は，大きさの区分（L，M，Sなど）である。選果の工程の延長線上に，区分された商品のパッキング作業が行われる。

卸売市場経由率の低下（図4-4）から，消費者への直接販売がある程度増加していることがうかがえる。マスメディアでも直売所の設置やインターネットなど多様な手法が注目されている。

しかしながら国内青果物に限ると卸売市場経由率の低下が8割程度にとどまっており，スーパーマーケットのような小売業者や製造業者には，セリ取引から相対取引への移行である程度対応がなされていると考えられる（図4-5）。セリ取引を経由してからの納品では開店時間に間に合わないこと，また価格が当日にならなければわからないことなどの理由から，スーパーマーケットとの間では相対取引が採用されることが多いが，価格形成機能以外の集荷・分荷機能，代金決済機能，情報受発信機能については，卸売市場のメリットが少なくないのである。

全体として卸売市場経由率を低くしている要因は輸入である。加工食品の原材料まで生鮮換算すると，野菜では21%が輸入，うち74%が加工

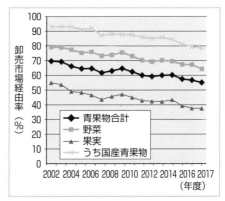

図4-4 青果物の卸売市場経由率の推移（数量ベース）

（資料：農林水産省 卸売市場データ集）

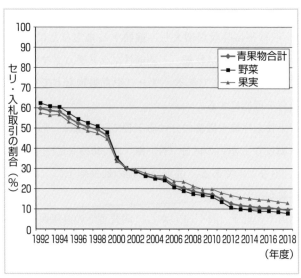

図4-5　中央卸売市場のセリ・入札取引の割合の推移（金額ベース）

（資料：農林水産省　卸売市場データ集）

表4-2　青果物の購入先別消費支出割合　　　　　　　　（単位：%）

	生鮮野菜	果物	生鮮果物	果物加工品
一般小売店	7.0	13.0	13.0	13.6
スーパー	66.6	55.0	55.2	53.1
コンビニエンスストア	0.7	1.1	1.0	2.7
百貨店	1.6	3.2	3.1	4.8
生協・購買	6.3	6.2	6.1	8.2
ディスカウントストア・量販専門店	1.7	2.0	1.7	6.8
通信販売（インターネット）	0.6	0.9	0.8	2.7
通信販売（その他）	1.5	2.5	2.4	3.4
その他	14.0	16.1	16.8	4.8
合計	100.0	100.0	100.0	100.0

（資料：総務省　平成26年全国消費実態調査）

品となっている[11]。加工品中心ではあるが，野菜の輸入も一定程度存在しているのである。同様に果実の場合は60％が輸入，うち59％が果汁等加工品である。野菜と比べると輸入割合が高く，生鮮でもバナナのような国内で生産実態がほとんどないものを中心に輸入がなされている[12]。いずれも生産国の輸出業者から商社を通じて国内に輸入されるため，卸売市場を経由しないケースも多い。

　生鮮野菜・生鮮果物の購入先別消費支出割合では，スーパーマーケットの割合が圧倒的に高く，一般小売店，生協・購買が続く（表4-2）。生活必需品であるとともに，鮮度が重視される青果物については，小売り段階でのスーパーマーケットの役割が大きい。

　生鮮果物では，生鮮野菜よりもスーパーマーケットの割合がやや下がる。その分，一般小売店の割合が上がっており，百貨店の割合も相対的に高くなる。生鮮果物については，高級品市場があることから生活必需品としての食品とはまた異なるところがある。

（2）魚介類と魚介加工品の流通

　魚介類の生産は，**漁業**と**養殖**の2つに分けられ，生産量・生産額ともに漁業への依存が大きい。国内で水揚げされた魚介類は，生産者が主に漁業協同組合によって開設されている産地市場に出荷して産地価格を形成し，次の段階として加工メーカーや消費地の卸売市場に迅速に出荷される。また，産地市場は，腐敗しやすい魚介類を素早く流通させるだけではなく，多様な種類・サイズ・鮮度の漁獲物を仕分けして，適切な販路に流通させる役割を持っている[13]。

　そのような水産物においても卸売市場経由率やセリ取引の割合の低下が著しい（図4-6，図4-7）。小売業者・加工業者・外食産業との直接の取引や，インターネット・直売所等を利用した消費者への直売の広がりもあるが，輸入の増加が大きな原因である。海外からの輸入については，産地市場を経由しないからである。輸入後に消費地の卸売市場には出荷されることもあるが，相対取引あるいは市場外で流通するケースが多い[14]。

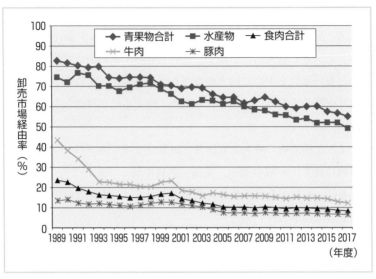

図4-6　卸売市場経由率の推移（数量ベース）

（資料：農林水産省　卸売市場データ集）

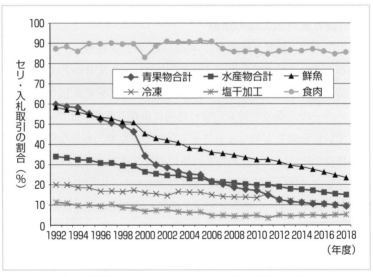

図4-7　中央卸売市場のセリ・入札取引の割合の推移（金額ベース）

（資料：農林水産省　卸売市場データ集）

表4-3　魚介類の購入先別消費支出割合　　　　　　　　（単位：％）

	魚介類	生鮮魚介	塩干魚介	魚肉練製品	他の魚介加工品
一般小売店	9.9	9.8	11.3	9.5	9.3
スーパー	67.3	70.2	61.6	73.5	56.0
コンビニエンスストア	0.8	0.3	0.8	1.5	2.8
百貨店	4.5	3.6	5.8	3.5	7.8
生協・購買	5.7	5.2	6.8	5.0	7.2
ディスカウントストア・量販専門店	2.1	1.5	2.0	2.8	4.2
通信販売（インターネット）	0.7	0.5	1.1	0.4	1.0
通信販売（その他）	2.3	1.7	3.4	1.3	4.2
その他	6.8	7.1	7.3	2.6	7.6
合計	100.0	100.0	100.0	100.0	100.0

（資料：総務省　平成26年全国消費実態調査）

　購入先別消費支出割合では，生鮮魚介類，塩干魚介，魚肉練製品のいずれも
スーパーマーケットがもっとも多く，2位は一般小売店，3位が生協・購買で
ある。鮮度管理などの技術が要求されることから，ディスカウントストア・量
販専門店など他のチャネルの割合は低い。スーパーマーケットの中には，簡単
な調理（三枚おろしや内臓除去など）をバックヤードで請け負うサービスを実施
する店舗もあり，旧来の一般小売店の役割を代替してきている（表4-3）。

（3）畜産物の流通
1）食肉と食肉加工品の流通
　日本では，牛肉，豚肉，鶏肉の3品が食肉消費の大半を占め，搾乳用に飼育
された牛や採卵用に飼育された鶏も最終的には食肉として消費される。
　牛，豚，鶏は，農協等が生産者から集荷して，と畜を行う施設に出荷する。
肉牛については，一部家畜市場で生体取引が行われるが，購入した家畜商を通
じて，と畜を行う施設に出荷されることになる。

と畜を行う施設は法律で決められており*1，牛と豚の場合は，食肉卸売市場，食肉センター，その他と畜場の3種類，鶏の場合は，食鳥処理場である。生体で出荷された牛，豚，鶏は，このと畜の工程を経ることによって，食肉（牛肉，豚肉，鶏肉）となる。

*1　牛と豚については「と畜場法」，鶏については「食鳥処理の事業の規制及び食鳥検査に関する法律」に定められている。

牛肉や豚肉については，1958（昭和33）年からの食肉卸売市場の開設，1960（昭和35）年からの農林水産省の指導による食肉センターの全国への設置[15]により，旧来のと畜施設であるその他のと畜場経由での流通は相対的に減少している。卸売市場の経由率も従来からそれほど高くはなく（図4-6），農協や食肉業者等が設置している食肉センターが流通の中心となっている。ただし，セリ取引で決まる市場価格が食肉価格の建値の役割を果たしているため，青果物や水産物とは異なり，セリ取引は高い割合を維持している（図4-7）。

また，食肉卸売市場やその他のと畜場は，枝肉出荷となるが，食肉センターでは，部分肉処理まで行われている。鶏肉の食鳥処理場でも部分肉までの処理が行われる。これらのと畜施設から**枝肉**あるいは**部分肉**として，食肉加工業者，卸売業者，小売業者等に出荷されていくことになり，その過程で精肉や食肉加工食品に再加工される。

海外からも輸出業者，商社を経て，食肉加工業者や卸売業者が食肉輸入を行っているが，食肉の自給率は近年50％程度で推移しており，やや国内生産からの供給が上回っている。しかし，飼料自給率を考慮した自給率は1割に満たないため，やはり海外依存が大きいといえる。

購入先別消費支出割合では，生鮮の食肉およびハム・ソーセージについても，購入先の1位はスーパーマーケットであり，これに生協や一般小売店が続く。牛肉やハム・ソーセージについては，百貨店の割合が相対的に高くなっていることが特徴である。特にハム・ソーセージでは，2位となっており，高級品や贈答品などに対する需要が含まれていると考えられる（表4-4）。

表4-4　食肉・食肉加工食品の購入先別消費支出割合　　（単位：％）

	生鮮肉	牛肉	豚肉	鶏肉	合いびき肉	他の生鮮肉	加工肉	ハム・ソーセージ	他の加工肉
一般小売店	7.8	12.4	5.6	4.7	3.9	13.8	5.5	4.9	7.5
スーパー	76.1	68.2	79.9	80.1	83.3	71.7	73.0	73.1	72.5
コンビニエンスストア	0.4	0.4	0.5	0.4	0.0	0.6	1.6	1.6	1.8
百貨店	2.5	4.8	1.5	1.5	1.0	1.9	6.2	7.2	3.2
生協・購買	5.5	4.9	5.7	6.1	6.9	4.4	5.6	5.3	6.4
ディスカウントストア・量販専門店	2.2	1.9	2.3	2.4	2.9	2.5	4.2	4.3	4.3
通信販売（インターネット）	0.6	1.2	0.3	0.4	0.0	0.6	0.4	0.5	0.4
通信販売（その他）	1.4	1.2	1.4	1.5	2.0	1.3	1.8	1.7	2.5
その他	3.5	5.0	2.9	3.0	0.0	3.1	1.7	1.4	1.4
合計	100.0	100.0	100.0	100.0	100.0	100.0	100.0	100.0	100.0

（資料：総務省　平成26年全国消費実態調査）

2）鶏卵の流通

　鶏卵は，生卵の状態で購入される殻付卵のほとんどが国内産であり，生産者が直接，あるいは農協や集荷業者が集荷した後にGPセンター（採卵選別包装施設）に出荷する。GPセンターは，洗卵・格付・パッキングのための施設で，鶏卵問屋や全農等，または大規模な生産者によって設置されている。

　GPセンターを経て，鶏卵問屋や全農等に出荷された鶏卵は，スーパーマーケット等の小売業者，加工業者，外食産業へと販売されていく。同じ畜産物でも，食肉とは異なり，卸売市場を経由しないのが特徴である。

　生産者が小売業者，加工メーカーに契約販売するケースもあり，消費者への直接販売も盛んになってきている。消費地が近い生産者は軒先販売や直売所，卵の自動販売機の設置なども行っている。

　輸入量は全体の5％程度であるが，飼料自給率を考慮すると輸入に依存して

表4-5　卵と牛乳・乳製品の購入先別消費支出割合　　　　（単位：%）

	卵	牛乳	乳製品	粉ミルク	ヨーグルト	バター・チーズ	他の乳製品
一般小売店	6.9	17.0	6.5	18.2	7.4	3.8	2.8
スーパー	73.0	55.4	71.0	31.8	68.7	77.6	83.3
コンビニエンスストア	2.6	3.0	3.5	0.0	4.9	1.9	0.0
百貨店	0.9	0.4	1.4	2.3	0.9	2.4	2.8
生協・購買	7.7	6.2	5.9	2.3	6.1	6.0	2.8
ディスカウントストア・量販専門店	3.4	3.9	5.7	31.8	4.4	5.3	5.6
通信販売（インターネット）	0.3	0.4	0.7	6.8	0.4	0.7	0.0
通信販売（その他）	2.2	1.8	1.7	0.0	2.0	1.4	0.0
その他	2.9	11.9	3.6	6.8	5.2	1.0	2.8
合計	100.0	100.0	100.0	100.0	100.0	100.0	100.0

（資料：総務省　平成26年全国消費実態調査）

いる点は食肉と同様である。輸入鶏卵は加工原料として使用され，大半が粉卵の状態で輸入されている[16]。

　購入先別消費支出割合では，スーパーマーケットの割合が最も高く，次いで生協・購買，一般小売店の順である。他の生鮮食品に比べると，生協・購買の割合がやや高い。卵や牛乳について，生協が価格面，安全面での取り組みを積極的にやってきたことが影響していると考えられる（表4-5）。

3）牛乳・乳製品の流通

　食品衛生法では，搾乳したままの牛の乳を生乳^{せいにゅう}といい，酪農家が牛乳および乳製品を製造・加工する乳業メーカー等に生乳を販売する経路として，指定生乳生産者団体である10団体への出荷が大半を占めている。残りは農協・事業協同組合や販売業者あるいはメーカーへの直接販売と自家消費である。指定生乳生産者団体を通じて集められた生乳は，乳業メーカーで牛乳，乳製品となり，卸売業者，小売業者，他の食品製造業者等に販売される。

指定生乳生産者団体と乳業メーカーの交渉によって決められる**乳価**は，飲用牛乳等用生乳より加工原料用生乳のほうが低くなっている。乳価が低い加工原料用生乳については，国からの加工原料乳補給金を酪農家が受け取ることができるようになっているが，その要件として指定生乳生産者団体への出荷が義務づけられていたのが，指定生乳生産者団体への出荷が大半を占めてきた理由である。2017（平成29）年に制度が改正され，現在は計画的に乳製品向けに仕向けるすべての生産者が受け取りの対象となっている。

　品質面でも価格面でも優位にある外国からの乳製品の輸入については，国家貿易等の措置によって制限がかけられているが，飲用牛乳等の消費量の減少に対して，バター，チーズ等の乳製品の消費量が増加しており，乳製品が不足する状況もでている。

　購入先別消費支出割合ではスーパーマーケットが一番多く，乳製品では7割と顕著に集中している。牛乳では一般小売店，生協・購買，乳製品では，ヨーグルトが一般小売店，生協・購買，バター・チーズが生協・購買，ディスカウントストア・量販専門店の順で続く。特徴的なのは，粉ミルクでディスカウントストア・量販専門店がスーパーマーケットと並んで多いことである。これは，乳幼児の必需品を，ディスカントストア・量販専門店に含まれるドラッグストアで購入することが関係していると考えられる（表4-5）。

（4）大豆加工品（豆腐，納豆）の流通

　大豆加工品には，豆腐，納豆，味噌，醤油などがあり，いずれも伝統食品として日本人になじみ深いものである。納豆については，東日本に比べて西日本の消費が低調である（たんぱく質の種類が豊富であった西日本では，必要性が低かったことが理由ともいわれている）が，豆腐，味噌，醤油は，地域によって製造・食味の違いはあるものの広く国内で消費されている。

　しかしながら，その主原料である**大豆**は，輸入に大きく依存している。これらの食料原料となる大豆の約8割は，海外からの輸入である（油脂の原料となる大豆を含めると9割以上が輸入）。輸入大豆は，生産地の輸入業者等から商社

を通じて，国内の食品製造業者に販売される。

　一方で国産大豆は，農協系統組織あるいは集荷業者を通じて集荷され，入札取引，相対取引，契約栽培により卸売業者あるいは食品製造業者に販売されている。入札については，2000（平成12）年産から第三者機関である日本特産物協会が開設し（それ以前は売り手が開設），売り手は全農と全集連（全国主食集荷協同組合連合会），買い手は2017（平成29）年産で170者が参加している[17]。

　豆腐・納豆の製造業は，中小規模の事業所が製造卸として，小売業者と直接取引をしていることが多い。豆腐では，店舗や移動販売での製造小売の業態も多くみられたが，事業規模の拡大を通じて小売店への製造卸が増加してきていると考えられる。

　購入先別消費支出割合では，豆腐も納豆もスーパーマーケットが約8割を占めるようになっている。豆腐でも一般小売店からの購入比率は，食料品平均よりも低い。製造小売は一般小売店に含まれることから，製造小売の減少傾向がうかがえる（表4-6）。

表4-6　大豆加工品の購入先別消費支出割合　　　　（単位：%）

	大豆加工品	豆腐	納豆	油揚げ・がんもどき	他の大豆製品
一般小売店	6.1	6.8	3.1	6.1	15.6
スーパー	77.2	76.6	80.8	77.6	62.2
コンビニエンスストア	1.2	1.4	1.3	0.9	0.0
百貨店	1.4	1.4	1.3	1.4	2.2
生協·購買	7.4	7.4	6.7	7.9	8.9
ディスカウントストア・量販専門店	2.8	2.3	3.6	2.3	2.2
通信販売（インターネット）	0.4	0.6	0.4	0.0	0.0
通信販売（その他）	2.2	2.0	2.2	1.9	2.2
その他	1.3	1.4	0.4	1.9	6.7
合計	100.0	100.0	100.0	100.0	100.0

（資料：総務省　平成26年全国消費実態調査）

（5）漬物・佃煮の流通

　漬物は，日本の伝統的食品の一つであるが，主に各家庭でつくられていたことにより，商品として販売されるようになるのは江戸時代からである。種類も第二次世界大戦末までは梅干，たくあん，べったら漬，福神漬，古高菜漬ぐらいであった[18]。また，漁師の保存食であった佃煮も江戸時代に東京の佃島で製造されたものが販売されるようになったとされている[19]。

　商品としての本格的な製造・流通は，第二次世界大戦後であり，商品の種類も増えていくことになる。保存食であった上，加熱殺菌，冷蔵，パッケージの技術の発展により多段階の流通にも適応している。

　近年では健康志向から塩分が敬遠されるようになり，浅漬けなどの低塩分の商品が消費者に好まれるようになってきた。これは，佃煮でも同様であり，低糖・低塩化が求められている。これに伴い食中毒の増加が懸念されることから，流通の経路短縮やコールドチェーンによる対応も必要となっている。

表4-7　野菜の漬物・佃煮等の購入先別消費支出割合　　　（単位：％）

	他の野菜・海藻加工品	野菜の漬物	野菜・海藻のつくだ煮	こんにゃく	他の野菜・海藻加工品のその他
一般小売店	11.3	13.5	11.9	6.3	8.7
スーパー	64.5	62.2	54.0	78.1	66.3
コンビニエンスストア	1.5	1.8	0.8	0.6	2.2
百貨店	6.2	5.9	17.5	1.3	2.2
生協・購買	6.1	5.7	4.8	6.9	8.7
ディスカウントストア・量販専門店	2.6	2.2	2.4	2.5	4.3
通信販売（インターネット）	0.8	0.8	0.8	0.0	2.2
通信販売（その他）	2.9	3.2	3.2	1.3	3.3
その他	4.1	4.6	4.8	3.1	2.2
合計	100.0	100.0	100.0	100.0	100.0

（資料：総務省　平成26年全国消費実態調査）

一般的には，製造卸または卸売業者を通じて小売業者に流通している。日常食としてのイメージがあるが，低価格商品とは別に地域の特産品として高価格帯の商品もあり，特に佃煮では水産佃煮など高級食材市場を形成し，贈答品などに使われ，専門店や百貨店でも販売される。一方で，料理の付け合わせとして利用されることから，外食産業・中食産業での業務需要も存在する。

購入先別消費支出割合では，スーパーマーケットが最も多い。漬物では6割以上と非常に高く，佃煮でも5割を超える。百貨店が漬物で3位，佃煮では2位に入っているところに高級食材としての特徴が表れている。一方で，ディスカウントストア・量販専門店での購入は相対的に低くなっている（表4-7）。

4．調味料等の流通

（1）調味料の流通

調味料で一括しているが，種類は多様であり，製造業者の中には食品産業の中でも有数の大企業が含まれている。日本の伝統的調味料である砂糖，塩，酢，醤油，味噌，新しく開発されたうま味調味料，洋風のトマトケチャップ，ソース，ドレッシング，その他焼き肉のたれのように，より複雑に合成されたものも開発されている。そのほとんどが常温で，長期保存できることからさまざまな流通経路をとることが可能であり，多段階の流通にも適応できる。

調味料全体としては，卸売業者を通じて販売されるケースが多く，小売業者を中心に，製造業や外食産業にも販売される。味噌については，全国味噌工業協同組合連合会が販売先別の出荷数量を公表しているが，全体の7割が製造業者から卸売業者に販売されていることがわかる。

購入先別消費支出割合では，スーパーマーケットが平均で7割近くと圧倒的であるが，個別に見ると日本の伝統的調味料よりも洋風調味料の方がスーパーマーケットでの購入比率が高くなっていることがわかる。その分，一般小売店の比率が日本の伝統的調味料でやや高め，洋風調味料でやや低めになる。コンビニエンスストアや百貨店での購入割合が低いことから，内食兼日常食の特徴

表4-8　調味料の購入先別消費支出比率　　　　　（単位：％）

	調味料	食塩	醤油	味噌	砂糖	酢	ソース・ケチャップ	マヨネーズ・マヨネーズ風調味料	ジャム	ドレッシング	カレールウ	他の調味料
一般小売店	6.6	8.1	11.6	11.0	5.9	8.2	4.0	2.5	9.4	4.7	3.8	6.2
スーパー	68.6	67.6	65.2	65.8	76.5	60.7	81.3	81.3	57.6	76.0	83.5	67.1
コンビニエンスストア	2.0	2.7	1.4	0.6	1.2	1.6	1.3	1.3	1.2	1.6	1.3	2.4
百貨店	2.6	0.0	2.9	1.9	1.2	3.3	1.3	1.3	10.6	1.6	1.3	2.6
生協・購買	5.9	5.4	5.1	6.5	5.9	4.9	5.3	5.0	7.1	5.4	3.8	6.0
ディスカウントストア・量販専門店	5.3	8.1	3.6	3.9	7.1	4.9	5.3	4.7	4.7	6.2	5.1	5.4
通信販売（インターネット）	1.0	0.0	1.4	1.3	0.0	3.3	0.0	0.0	1.2	0.8	0.0	1.0
通信販売（その他）	3.0	5.4	4.3	2.6	1.2	8.2	1.3	1.3	2.4	1.6	0.0	3.3
その他	5.1	2.7	4.3	6.5	1.2	4.9	0.0	1.3	5.9	2.3	1.3	6.0
合計	100.0	100.0	100.0	100.0	100.0	100.0	100.0	100.0	100.0	100.0	100.0	100.0

（資料：総務省　平成26年全国消費実態調査）

が強く表れている食品といえる（表4-8）。

（2）食用油脂（食用油，加工油脂）の流通

　食用油脂は，**植物油脂**（大豆油，菜種油など）と**動物油脂**（ラード，牛脂など），これらから加工された**加工油脂**（マーガリン，ショートニングなど）の3つに区分される[20]。動物油脂に対して，植物油脂が圧倒的に多く流通しており，その中心は菜種油と大豆油である。第二次世界大戦後，経済成長を背景として，油脂の消費は，畜産物の消費とともに大きく伸び，原料として，大豆，菜種の輸入も拡大した。油脂の原材料としての大豆の輸入は，他の食品原料としての輸入よりも大きく，9割以上が海外依存である。

　油脂の原料となる**油糧種子**の輸出国は限られており，大豆ではアメリカ，菜種ではカナダが大きなウェイトを占めている。日本では，菜種油のほうが多く生産されているが，油糧種子貿易の半数は大豆である[21]。

生産国の輸出業者から商社を介して，国内の製油業者に油糧種子の流通が行われる。製油の過程は，搾油により粗油を生産する一次加工，粗油を精製した最終製品への二次加工に分かれるが，日本では，油糧種子の輸入後一貫して行われることが多い。日本で搾油していない種子については，原産国で粗油に加工して，国内に輸入される[22]。

その後の販路は，加工油脂を含む他の食品製造業，卸売業を通じての販売となる。調理に欠かせないものなので，最終的な販路は，一般家庭向けの小売に限らず，外食・中食産業等と幅広い。

購入先別消費支出割合では，スーパーマーケットが7割を占めるが，特徴的なのは，次いでディスカウントストア・量販専門店が多いことであり，特に食用油で顕著である。食用油では，低価格のまとめ買い傾向があるものとみられる。マーガリンでは，8割がスーパーマーケットに集中している（表4-9）。

表4-9　油脂の購入先別消費支出割合　（単位：%）

	油脂	食用油	マーガリン
一般小売店	6.0	6.6	3.6
スーパー	70.2	67.1	81.8
コンビニエンスストア	0.7	0.9	1.8
百貨店	5.0	5.7	1.8
生協・購買	6.0	6.1	5.5
ディスカウントストア・量販専門店	6.7	7.0	5.5
通信販売（インターネット）	1.4	1.3	0.0
通信販売（その他）	2.8	3.5	1.8
その他	1.1	1.8	−1.8
合計	100.0	100.0	100.0

（資料：総務省　平成26年全国消費実態調査）

5．中食（惣菜・すし・弁当類・米飯）の流通

　農林水産省では，中食（なかしょく）を「レストラン等へ出かけて食事をする外食と，家庭内で手づくり料理を食べる内食の中間にあって，市販の弁当やそう菜，家庭外で調理・加工された食品を家庭や職場・学校等で，そのまま食べることや，これら食品（日持ちしない食品）の総称」[23]と定義しており，日本惣菜協会の**惣菜**の定義「市販の弁当や惣菜など，家庭外で調理・加工された食品を家庭や職場・学校・屋外などに持ち帰ってすぐに（調理加熱することなく）食べられる，日持ちのしない調理済食品」[24]とほぼ同様と考えられる。

　日持ちのしない食品であることから短時間で流通しなければならないため，製造業者による小売り，製造業者から小売店への直接配送，製造業者から配送センターを経由した小売店への配送が行われている。チャネル別では，コンビニエンスストアやスーパーマーケットのシェアが大きくなっているため，製造小売り以外の配送を伴うケースが増えていると考えられ，**定温物流**が重要となっている。

　購入先別消費支出割合では，スーパーマーケットがもっとも多いが，主食的調理食品では，コンビニエンスストアや製造小売りが含まれる一般小売店の比率が上がる。コンビニエンスストアでは，おにぎりや調理パンなど手軽に持ち歩きながら食べられる商品で，その割合がさらに高い。百貨店もやや割合が高く，出店している専門店等の商品力も関係していると考えられる（表4-10）。

6．嗜好食品の流通

（1）菓子の流通

　食品や飲料の中には，栄養を摂取することを主目的とせずに味や香りを楽しむためのものもある。ただし，その食品に栄養的な価値がないということではなく，かつては栄養を摂取するために行われていたが転じた場合もある。菓子

表4-10　主食的調理食品の購入先別消費支出割合　　　（単位：%）

	主食的調理食品	弁当	すし（弁当）	おにぎり・その他	調理パン	他の主食的調理食品
一般小売店	16.4	23.2	14.1	8.8	21.0	10.1
スーパー	44.5	33.3	65.8	34.1	30.5	51.0
コンビニエンスストア	21.2	23.1	4.2	47.7	36.7	17.1
百貨店	4.6	5.7	6.4	2.4	3.0	3.1
生協・購買	2.7	1.6	2.5	1.9	1.3	5.9
ディスカウントストア・量販専門店	1.8	1.0	1.7	1.1	2.0	3.6
通信販売（インターネット）	0.2	0.0	0.1	0.0	0.0	0.8
通信販売（その他）	0.8	0.2	0.2	0.5	0.0	2.8
その他	7.5	11.9	5.0	3.5	5.6	5.7
合計	100.0	100.0	100.0	100.0	100.0	100.0

（資料：総務省　平成26年全国消費実態調査）

も本来は，昼食と夕食の中間での栄養補助的な役割があった。

　菓子の種類は多様で分類も難しいが，一般的には**和菓子**と**洋菓子**に大別され，さらに水分含有量で**生菓子**，**半生菓子**，**干菓子**に分けられる。保存期間の長い菓子は**流通菓子**と呼ばれ，卸売業者を通じて多様な経路で販売されており，海外からの輸入もある。

　冷蔵・冷凍技術の発達により，生菓子でも広域流通が可能となってきているものの保存期間が短い生菓子は，製造小売りで販売されることが多い。商業統計で見ると，菓子を小売した事業所数，年間商品販売額のどちらについても製造小売が約2割となっている（図4-8）。菓子を主に販売している菓子小売業に限ってみると（いわゆるケーキ屋や和菓子屋など），事業所数の約5割，年間商品販売額の5割弱が製造小売となっている（図4-9）。

　購入先別消費支出割合では，スーパーマーケットが1位ではあるものの，食品全体に比べて割合が低く，他の流通チャネルに分散している。菓子で一括さ

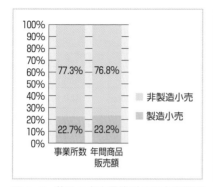

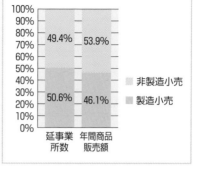

図4-8 菓子の小売業態別の販売事業所　図4-9 菓子小売業の延事業所数および
数および年間商品販売額割合　　　　　年間商品販売額割合
（資料：総務省　平成26年商業統計品目編）　（資料：図4-8に同じ）

れているが，一般小売店は生菓子の製造小売が含まれるため，百貨店は贈答需
要，コンビニエンスストアは手軽なおやつ需要に対応しているためと考えられ
る。また，ディスカウントストア・量販専門店でも割合が高く，保存期間が長
く常温での取り扱いが容易な流通菓子の特徴もうかがえる（表4-11）。

（2）嗜好飲料の流通

1）茶類・コーヒーの流通

嗜好飲料としては，茶類・コーヒー，清涼飲料水，酒類があげられる。茶類
には，**不発酵茶**（緑茶），**発酵茶**（紅茶），**半発酵茶**（ウーロン茶など）がある
が，ここでは伝統的な食生活に欠かせない飲料である緑茶について説明する。

緑茶の流通では，収穫した生葉の状態ではなく産地で一次加工（**荒茶加工**）
をしてから出荷するのが特徴となっている。荒茶は，茶市場もしくは農協等を
通じて，茶商や農協に集荷されていくことになる。

茶商や農協は，卸売業者としての役割だけではなく，**仕上げ茶**として加工す
る製造業者としての役割も担う。主要産地は，静岡県，鹿児島県，三重県，京
都府，福岡県などであるが，仕上げ茶にする段階で，産地間のブレンドが行わ
れる。こうして製造された仕上げ茶は，小売業者に販売される他，飲料メー

表4-11　菓子と茶類・コーヒーの購入先別消費支出割合　　（単位：%）

	菓子類	飲料	緑茶	紅茶	他の茶葉	コーヒー
一般小売店	26.0	11.2	25.8	17.7	15.4	15.5
スーパー	40.5	44.4	34.4	45.2	41.0	52.9
コンビニエンスストア	7.2	12.9	1.3	1.6	1.3	2.4
百貨店	9.6	3.0	9.7	16.1	6.4	6.9
生協・購買	2.7	3.5	4.0	3.2	5.1	3.7
ディスカウントストア・量販専門店	5.6	7.3	3.7	6.5	9.0	7.5
通信販売（インターネット）	0.5	2.1	2.0	3.2	5.1	3.2
通信販売（その他）	1.1	3.6	11.4	3.2	10.3	3.4
その他	6.8	12.0	7.7	3.2	6.4	4.5
合計	100.0	100.0	100.0	100.0	100.0	100.0

（資料：総務省　平成26年全国消費実態調査）

カーや菓子メーカーでの二次加工のために販売されていく[25]。

　小売段階の市場規模（2017年）では，緑茶リーフが1,850億円，緑茶ドリンクが4,400億円，抹茶加工製品が200億円と合計6,450億円である[26]。緑茶ドリンクが7割近くを占めており，緑茶市場がドリンク向け中心となっている。ドリンク向けの需要から一時的に中国等からの輸入が増加したが，国内産原料の使用増加により現在は減少している。

　コーヒーの原料となる**コーヒー豆**は，国内でほとんど栽培できないため，海外からコーヒー豆あるいは製品として輸入される。日本では概ね8〜9割がコーヒー豆としての輸入で，主要な輸出国は，ブラジル，ベトナム，コロンビア，エチオピア，グアテマラ，インドネシア，タンザニアなどとなる[27]。

　コーヒー豆は，生産者から直接または仲買人を通じて集荷した輸出業者から商社を通じ国内の焙煎業者や卸売業者に販売されるのが一般的な経路である。コーヒーの焙煎業者には，大手のメーカーや喫茶店チェーンの他，中小の業者もあり，卸売業者を介してコーヒー豆を仕入れる経路もある。フェアトレード

を掲げ，中間の流通業者を排する取り組みもあるがわずかである。

　購入先別消費支出割合では，スーパーマーケットが一番多いものの，茶類は食品全体に比べるとやや低調である。その分一般小売店，百貨店，ディスカウントストア・量販専門店の比率が高くなっている。高級志向・専門志向の者が一般小売店や百貨店での購入，低価格志向の者がディスカウントストア・量販専門店での購入に流れていることがうかがえる。紅茶では，特に百貨店の比率が高いのが特徴的である（表4-11）。

2）清涼飲料水の流通

　清涼飲料水は，食品衛生法で「乳酸菌飲料，乳及び乳製品を除く酒精分1容量パーセント未満を含有する飲料」と規定されており，ミネラルウォーター，フルーツジュース，野菜ジュース，摂取時に希釈，融解等をする飲み物（ただし粉末ジュースを除く）もすべて含まれる。現在は，茶類やコーヒーについても，缶やペットボトルの形態で流通しているため幅広い種類が存在している。

　清涼飲料水の起源は古代ローマにまでさかのぼるといわれる。日本では1853（嘉永6）年に炭酸レモネードがアメリカから持ち込まれ，1868（明治元）年からレモネード，ジンジャーエール，ミネラルトニック，シャンペンサイダー等の炭酸飲料の製造が開始された。また，1982（昭和57）年の食品衛生法に基づく容器包装の規格基準の改正によって導入されたペットボトル飲料は，2019（令和元）年現在の清涼飲料水生産量の4分の3を占めている[28]。

　飲料自動販売機もまた清涼飲料水の流通に大きな役割を果たした技術開発の1つである。2019年の自動販売機普及台数の51%が清涼飲料水の自動販売機であり，牛乳，コーヒー・ココア（カップ式），酒・ビールを合わせた飲料小計では57%となる[29]。販売額（2016年）では，清涼飲料水で約1兆7,000万円，飲料小計で約2兆円である[30]。富士経済の推計では清涼飲料の市場規模が5兆円で推移（2019年見込5兆2,212億円）しているので[31]，3分の1近くを自動販売機での販売が占めることになる。

　購入先別消費支出割合では，全体としてはスーパーマーケットが最も多いが，種類によりばらつきがある。コーヒー飲料，茶飲料，乳飲料などはコンビ

表 4 -12　清涼飲料水の購入先別消費支出割合　　　　（単位：％）

	飲料	茶飲料	コーヒー飲料	ココア・ココア飲料	果実・野菜ジュース	炭酸飲料	乳酸菌飲料	乳飲料	ミネラルウォーター	スポーツドリンク	他の飲料のその他
一般小売店	11.2	5.6	7.4	5.4	6.4	5.0	25.5	8.5	6.7	5.7	8.2
スーパー	44.4	46.1	29.6	64.9	50.7	58.5	34.5	51.1	27.6	56.6	47.9
コンビニエンスストア	12.9	25.5	30.2	8.1	12.4	11.6	1.8	24.5	8.6	13.2	16.5
百貨店	3.0	0.9	0.5	0.0	2.9	0.4	0.5	1.1	0.5	0.0	0.9
生協・購買	3.5	2.5	3.4	2.7	4.6	4.1	2.7	2.1	3.3	1.9	3.0
ディスカウントストア・量販専門店	7.3	8.1	5.6	10.8	7.4	12.9	2.3	5.3	9.0	15.1	8.5
通信販売（インターネット）	2.1	0.7	0.8	0.0	1.7	2.1	0.5	0.0	7.6	1.9	1.5
通信販売（その他）	3.6	0.9	0.3	2.7	3.9	1.2	1.8	1.1	7.6	0.0	3.4
その他	12.0	9.7	22.2	5.4	10.1	4.1	30.5	6.4	29.0	5.7	10.1
合計	100.0	100.0	100.0	100.0	100.0	100.0	100.0	100.0	100.0	100.0	100.0

（資料：総務省　平成26年全国消費実態調査）

ニエンスストアでの購入割合が極めて高く，ミネラルウォーターはまとめ買いをするためかディスカウントストア・量販専門店での比率が高い。また，乳酸菌飲料は独自の店舗網や訪問販売の影響があると考えられ，一般小売店とその他の割合が高くなっている。また，ここでは自動販売機がその他に分類されることから，総じてその他の比率が高くなっていることがわかる（表4-12）。

3）酒類の流通

　酒類は，**酒税法**で「アルコール分1度以上の飲料」と定義され，「嗜好品である」「文化・伝統性を有する」「アルコール飲料である（致酔性，習慣性がある）」「課税物資である」という4つの特性がある[32]。また，健康を害することや社会的な問題を起こしてしまう場合があるため，未成年者飲酒禁止法により20歳未満の者の飲酒が禁じられている。このうち「課税物資である」という特性から，国税庁の管轄の下，酒税法の規制を受け，酒類の製造，販売を行うた

めには免許が必要となっている。製造では品目や製造する場所ごと，販売では卸売業および小売業の区分ごとに販売場単位（**酒類卸売業免許場，酒類小売業免許場**）で取得しなければならない。

　酒類の需給調整の観点から，小売業の免許数を制限していたが，1995（平成7）年の閣議決定以降規制緩和が段階的に進み，酒類小売業免許場数（全酒類）は2007（平成19）年まで増加した。その後はやや減少傾向にある。質的にも変化しており，旧来の一般酒販店（一般小売店）が減少し，スーパーマーケットやコンビニエンスストアの参入が増加している。

　一方で，酒類卸売業免許場数（全酒類）は，一貫して減少傾向にあり，卸の大規模化・集中化が進んでいることが見て取れる。中間流通の段階については，製造業者から卸売業者，卸売業者から小売業者へという直取引が多いのが酒類の特徴である。ただし，そこにも変化が生じてきており，2011（平成23）年度には卸から小売業者への販売が8割を占めていたが，2017（平成29）年度には6割程度になっている。卸売業者や消費者への販売が増加してきていることがわかる（図4-10）。

　酒類の課税移出数量（製造業者からの出荷数量）は，1998（平成10）年以降にビールが大きく減少し，チューハイや新ジャンル飲料と呼ばれる低価格帯の酒類が伸びたことで，多様化した。その一方で，成人1人あたりの酒類消費数量は減少傾向で推移している。

　購入先別消費支出割合では，スーパーマーケットに次いで，ディスカウントストア・量販専門店，一般小売店の割合が高い。ディスカウントストア・量販専門店は低価格志向への対応，一般小売店は規制緩和前から残っている店が継続しているだけではなく，高級志向・専門志向に対応しているケースもある。ワインでは，百貨店の割合が高く，これもワインブームを背景とした高級志向・専門志向への対応と考えられる（表4-13）。

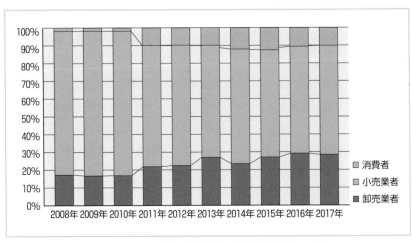

図 4 - 10　酒卸売業者の販売先別販売数量割合の推移

表 4 -13　酒類の購入先別消費支出割合　　　　　（単位：％）

	酒類	清酒	焼酎	ビール	ウイスキー	ワイン	発泡酒・ビール風アルコール飲料	チューハイ・カクテル	他の酒
一般小売店	13.6	20.4	13.3	12.3	11.4	17.8	8.0	4.8	10.2
スーパー	55.0	50.9	55.0	56.0	57.0	46.3	62.2	62.6	57.6
コンビニエンスストア	4.8	3.7	3.7	6.0	3.5	4.2	3.5	10.2	3.4
百貨店	3.0	4.5	0.8	2.5	2.6	9.2	0.3	0.7	5.1
生協・購買	2.8	2.2	2.7	3.2	2.6	2.4	3.5	1.4	1.7
ディスカウントストア・量販専門店	15.8	11.7	21.4	16.0	20.2	8.9	19.6	14.3	13.6
通信販売（インターネット）	1.3	1.1	0.6	1.1	0.9	3.3	1.3	0.7	1.7
通信販売（その他）	0.9	0.9	1.0	0.5	0.0	2.1	0.5	0.7	5.1
その他	2.9	4.5	1.4	2.4	1.8	5.9	1.1	4.8	1.7
合計	100.0	100.0	100.0	100.0	100.0	100.0	100.0	100.0	100.0

（資料：総務省　平成26年全国消費実態調査）

文　献

1 ）露木英男編著　食品学各論　共立出版　1989

2 ）総務省　統計基準・統計分類　https://www.soumu.go.jp/toukei_toukatsu/index/seido/kijun.htm

3 ）日本貿易振興機構　HSコード　https://www.jetro.go.jp/world/qa/04A-010701.html

4 ）総務省　第 1 回統計分類専門会議配布資料（平成22年12月）　https://www.soumu.go.jp/main_sosiki/kenkyu/keibun_kaigi/1haifu.htm

5 ）日本冷凍食品協会　冷凍食品Ｑ＆Ａ／冷凍食品の基礎知識　https://www.reishokukyo.or.jp/frozen-foods/qanda/qanda1/

6 ）公益社団法人氷温協会Webサイト　氷温技術とは　http://www.hyo-on.or.jp/index.php?view=9236

7 ）日本冷凍食品協会　冷凍食品自主的取扱基準及び急速冷凍食品の加工及び取扱いに関する国際的実施規範（CAC/RCP 8 -1976）　2014

8 ）国土交通省　日ASEANコールドチェーン物流ガイドライン（仮訳）　2018　p.2

9 ）農林水産省　米をめぐる関係資料（令和 2 年 7 月）　2020

10）農林水産省　麦をめぐる最近の動向について（令和 2 年 4 月）　2020

11）農林水産省　野菜をめぐる情勢（令和 2 年 5 月）　2020

12）農林水産省　果樹をめぐる情勢（令和 2 年 2 月）　2020

13）水産庁　平成29年度 水産白書　2017

14）水産庁　令和元年年度 水産白書　2019

15）日本農業経営学会農業経営学術用語辞典編纂委員会編　農業経営学術用語辞典　農林統計協会　2007

16）農林水産省　食肉・鶏卵をめぐる情勢（令和 2 年 7 月）　2020

17）農林水産省　大豆をめぐる事情（令和 2 年 5 月）　2020

18）全日本漬物協同組合連合会　漬物ポータルサイト「漬物の歴史」　https://www.tsukemono-japan.org/about_tsukemono/index.html

19）全国調理食品工業協同組合　 6 月29日は「佃煮の日」について　http://zenchoshoku.or.jp/info/?page_id=271

20）全国調理師養成施設協会　調理用語辞典　1999

21）日本植物油協会　植物油の基礎知識　https://www.oil.or.jp/kiso/

22）消費者庁　平成22年 3 月29日原料原産地表示に関する意見交換会資料「食用植物油の流通状況　2010

23）農林水産省　平成26年度 食料・農業・農村白書　2015

24）日本惣菜協会　2020年版惣菜白書　2020

25）農林水産省　茶をめぐる情勢（令和２年３月）　2020
26）国際開発センター　農林水産省委託「平成30年度茶の流通合理化に関する調査委託事業報告書」　2019
27）全日本コーヒー協会　統計資料　http://coffee.ajca.or.jp/data
28）全国清涼飲料連合会　「清涼飲料の歴史」「統計」　http://j-sda.or.jp/drinkhistory/ http://j-sda.or.jp/statistically-information/
29）日本自動販売システム機械工業会　普及台数 2019年（令和元年）版　2020
30）日本自動販売機工業会　自販機普及台数及び年間自販金額 2016年（平成28年）版　2017
31）富士経済グループ　マーケット情報　https://www.fuji-keizai.co.jp/market/ detail.html?cid=19057&view_type=2
32）国税庁　第10回酒類販売業等に関する懇談会資料「酒類小売業を中心とした酒類業等の現状と課題」（平成14年９月６日）　2002

5

フードマーケティング

★ 概要とねらい

　現代の食市場では，一般に需要よりも供給が多く，飽和状態を迎えている。そのため，食市場では複数の売り手である企業が競合し，その一方で買い手である消費者は自らのニーズを意識せずに，企業の生産・提案した商品を購入することも多い。経営学者のピーター・ドラッカーは，企業の販売促進に依存した「製品志向」の発想から，顧客のニーズに対応した「マーケティング志向」の発想に転換することが重要であり，企業は常に変化する顧客ニーズをキャッチするマーケティング・リサーチが重要であると指摘している。

　マーケティングとは，20世紀初頭にアメリカで生まれた市場（Market）創造に関する考え方・技術であり，フードマーケティングとは，フードビジネスを対象としたマーケティングである。フードビジネスは食料・食品を取り扱うビジネスであり，「食品製造業」「食品流通（卸売・小売）業」「外食・中食産業」の3つに大別される。

　ここでは，まず，フードビジネスの現状を概観し，その担い手である企業が，消費者や競争企業の動向に適切に対応していく一連のマーケティングの基礎理論を解説するとともに，近年，企業によって急速に展開されているデジタル・マーケティングの基本的な考え方についても触れている。

1. フードビジネスの動向

（1）フードビジネスの担い手

　私たちの食生活を支える産業は食品産業である。食品産業は，食品製造業，食品流通業および外食・中食産業から構成され，食品流通業はさらに食品卸売業と食品小売業から成り立っている。

　また，食品産業を捉える用語として，フードシステムがある。フードシステムとは，農林水産業が生産，漁獲した農林水産物を，食品製造業によって加工され，その食品がスーパーマーケット，コンビニエンスストアなど食品小売業，ファミリーレストランなどの外食産業を経て，私たち消費者に届くまでの食料・食品のトータルな流れをいう。そして，こうしたフードシステムは川の流れにたとえて，農林水産業を川上産業，食品製造業と食品卸売業を川中産業，外食産業と食品小売業を川下産業と呼ぶ。また，最終消費者・食生活は「みずうみ（湖）」にたとえられる。みずうみにたとえられる理由は，川上から流れてくる食料・食品の到達点は限界のある消費者の胃袋であり，海のようにすべてを受け入れられないため，一定容量のあるみずうみとしている。

　このようなフードシステムを支えているのが，フードビジネスである。フードビジネスとは，食料・食品を取り扱うビジネスであり，「食品製造業」「食品流通（卸売・小売）業」「外食・中食業」を対象としている。近年，フードビジネスは，フードシステムの「みずうみ」にあたる消費段階で，食の安全・安心，健康志向，女性の社会進出，少子高齢化，人口減少，食のライフスタイルの変化などが大きく変化しており，その対応に苦慮している。ここでは，近年のフードビジネスの動向について解説する。

　食品産業は，農林水産業と消費者との間に位置し，食品製造業，流通業，外食・中食産業，消費の各段階において食品を安定的に供給するとともに，消費者ニーズを生産者に伝達する役割を担っている。わが国における食品産業の国内生産額は表5-1が示すように，1995（平成7）年の92兆5,000億円をピーク

表 5 - 1　食品産業の国内生産額の推移（年・兆円）

年	1985	1995	2005	2010	2012	2014	2016	2018
全産業	677	918	950	906	911	1,000	1,001	1,014
食品製造業	34.4	38.3	34.6	33.9	34.1	36.0	37.6	38.1
関連流通業	18.3	31.3	27.5	23.9	24.3	28.4	33.0	32.5
飲食店	15.2	22.9	20.9	20.7	20.5	27.1	28.5	29.2
食品産業合計	67.9	92.5	83.0	78.5	78.9	91.5	99.1	99.8

（資料：農林水産省　農業・食料関連産業の経済計算）

に減少傾向が続いたが，2014（平成26）年には90兆円を超え，2018（平成30）年には99兆8,000億円に達し，増加傾向である。この値は過去にさかのぼってみても全産業国内生産額の約１割を占めている。また，食品産業は国内の農林水産業と密接に関係し，国内で生産されている食用農林水産物の７割が食品産業を仕向先としている。2017（平成29）年では，９道県（北海道，青森，宮城，新潟，高知，佐賀，宮崎，鹿児島，沖縄）において，全製造業に占める食品製造業の割合が１位となっており，特に北海道，鹿児島，沖縄では３割を超え，食品産業は地域経済における地場産業として重要な役割を担っている[1]。

1）食品製造業の動向

　食品製造業は，農林水産物を加工して多種多様な食料・食品を製造し，消費者に安定供給するとともに，農林水産業の大きな需要先として重要な役割を果たしている。食品製造業の国内生産額は，1995（平成７）年の38兆3,000億円をピークに減少傾向が続いたが，2016（平成28）年には37兆6,000円と増加傾向を示している。2016（平成28）年の全製造業に占める食料品・飲料製造業のウェイトは，事業所数15.0％，従業者数16.1％，製造品出荷額11.5％，生産過程で新たに付け加えられた付加価値額12.4％で，事業所数と従業者数は製造業の中で１位，製造品出荷額と付加価値額は自動車等の輸送用機械器具製造業に次ぐ２位であり，わが国製造業界の中でも有数な産業なのである[2]。

　食品製造業のこうした比率（地位）はほぼ変わらず推移し，常に１割強のシェアを占め，このことからわが国の食品製造業は１割産業とも呼ばれている。

2）食品流通業の動向

① 食品卸売業

食品流通業は，食品を安定的かつ効率的に供給するとともに，多様化した消費者ニーズを生産者や食品製造業者へ伝達する重要な役割を担っている。食品流通業のうち，食品卸売業の販売額を経済産業省「商業動態統計調査」から見ると，食料・飲料卸売業については，1995（平成7）年の46兆2,000億円をピークに減少傾向を示していたが，2019（令和元）年には49兆3,000億円と増加している（表5-2）。特に近年は，飲料品小売業の販売額増加や業務用食材の需要増加などに支えられ，増加傾向を示している。

一方，農林水産物・食品の流通は，主に集荷・分荷，価格形成，代金決算等の機能を有する卸売市場を介して行われる。農畜産物・水産卸売業の販売額は，1995（平成7）年の53兆3,000億円をピークに減少し，2019（令和元）年には23兆7,000億円と，この24年間で5割以下となった（表5-3）。

このように減少した背景には，農林水産物流通の取引形態において，地産地消や産地直送の取り組みによる市場外流通の増加や野菜取引にみられる有力産地と大手スーパーマーケットなどの双方で直接取引する相対取引が増加していることが指摘できる。また，小規模生産者や有機農産物等の多様な消費者ニーズに対応するための流通経路として，生産者が市場を通さずに新鮮な農産物を直接販売する施設のファーマーズマーケットや生鮮食料品分野でのインターネット通販等の多様な販売チャネルが登場しているからである。

表5-2　食料・飲料卸売業の販売額推移（年・兆円）

年	1985	1995	2000	2005	2015	2019
販売額	36.6	46.2	40.8	38.4	45.4	49.3

（資料：経済産業省　商業動態統計調査）

表5-3　農畜産物・水産卸売業の販売額推移（年・兆円）

年	1985	1995	2000	2005	2015	2019
販売額	54.1	53.3	39.2	26.8	23.2	23.7

（資料：経済産業省　商業動態統計調査）

表5-4　飲食料品小売業全体の販売額推移（年・兆円）

年	1985	1995	2000	2005	2015	2019
販売額	33.1	42.5	40.6	42.8	45.3	45.4

（資料：経済産業省　商業動態統計調査）

②　**食品小売業**　食品流通業のうち飲食料品小売業全体の販売額を「商業動態統計調査」から見ると，表5-4が示すように1995（平成7）年から2019（令和元）年までの間，40兆円から45兆円台で推移している。

業態別に食料品販売額の推移を見ると，スーパーマーケットは1995年の5兆4,000億円以降増加し，2019年には9兆8,000億円となっている。また，コンビニエンスストアの食品販売額（ファストフード・日配食品）は1998（平成10）年4兆4,000億円以降増加し，2019年には7兆8,000億円となっている。この間，ファストフード・日配食品の販売額が2兆4,000億円増加しているのに対し，加工食品は1兆円の増加にとどまり，調理食品がファストフード・日配食品の販売額増加に貢献している。ドラッグストアの食品販売額は2014（平成26）年の1兆2,000億円から，5年後の2019年には1兆9,000円となっている。これらに比べ百貨店は，1995年の2兆5,000億円以降減少し，2019年には1兆8,000億円となっている。

近年，コンビニエンスストアやスーパーマーケットなどの小売業者が自ら商品を企画・開発し，独自のブランド名を付けて販売する**プライベートブランド**（**PB**：private brand）の市場規模が拡大している。2020（令和2）年4月に施行された改正食品表示法ではPB商品の製造元を表示しなければならなくなった。これまでPB商品の中には製造所固有記号が記載されていた商品もあったが，製造元が表示されることによって，消費者は製造業者を知ることができるようになり，より一層安心して購入することができるようになった。

3）外食・中食産業

外食産業の市場規模は，日本フードサービス協会の外食産業市場規模推計によると，「**外食元年**」といわれる1970（昭和45）年以降，急速に拡大したが，1997（平成9）年の29兆1,000億円をピークに減少傾向に転じ，2019（令和元）

年にはピーク時から3兆1,000億円減少し26兆円となった。一方，持ち帰り弁当店や惣菜店，テイクアウト主体のファストフード店等の料理品小売業を中心とする中食産業の市場規模は，世帯構成の変化や食の外部化等により緩やかな増加傾向で推移し，1997年の3兆6,000億円から2007（平成19）年には5兆6,000億円へと大きく伸びた。2008（平成20）年には前年比で2.0％マイナスとなったが，2009（平成21）年から再び伸びに転じ，2019（令和元）年には7兆3,000億円となっている。

　エンゲル係数とは家計支出に占める食料費支出の割合を示したものであり，所得の低い世帯ほど高く，所得が高くなるに従って低下する。わが国のエンゲル係数は，1965（昭和40）年の38.1％から2014（平成26）年には24.0％となり，この半世紀に14.1ポイント低下したが，2016（平成28）には25.8％の高水準となった。その要因の一つとして，高齢者世帯や共働き世帯の増加により，食の外部化が増えたことなどがあげられている。

　近年，コンビニエンスストアなどで販売されている惣菜類は，持ち帰り弁当，おにぎり，調理パン，調理めん，一般惣菜など，中食の選択肢も多様化している。コンビニエンスストアや食品スーパー各社による惣菜や生鮮食品の充実をはじめ，小売業者が自ら商品を企画・開発し，独自のブランド名付けて販売するプライベートブランド（PB）商品の充実，宅配サービスを行うことなどによって単身世帯者や高齢者の利用も増えている。

（2）6次産業化

　わが国の農業就業人口は，1960（昭和35）年の1,196万人をピークに減少を続け，2017（平成29）年には199万人となり，8割も減少した。農家戸数は同期間，606万戸から120万戸へと6割近くも減少している。また，近年における農業就業者の平均年齢は60歳代後半となり，高齢化が進んでいる。6次産業化とは，農林漁業者などが農林漁業者以外の者の協力を得て，1次産業としての農林漁業と，2次産業としての製造業，3次産業としての小売業・飲食業などの事業と総合的かつ一体的な連携を図り，地域資源を活用した新たな付加価値を

生み出す取り組みである。6次とは，農林漁業者等が，農林水産業（第1次産業），関連製造業（第2次産業），流通・飲食業（第3次産業）を兼ねたり，2次，3次産業と連携したりするので，この数字を加えて（あるいは掛算して）6になることから呼ばれるようになった。6次産業化に関わる農業生産関連事業の市場規模は，2016（平成28）年度の年間総販売金額が2兆275億円（農産物加工：9,141億円，農産物直売所：1兆324億円，その他：811億円）で，過去5年間で最高になっている[3]。

2．フードマーケティング

(1) マーケティング・コンセプト

1) マーケティングの目的

　20世紀のはじめ，アメリカの製造業は，鉱工業の発展，人口の増加，鉄道・通信網の拡大などの技術革新によって飛躍的な成長を遂げ，その後の供給過剰市場における販売促進策が求められるようになった。1908年，アメリカのフォード・モーターの創設者あるヘンリー・フォード（Ford, H.）は，T型フォード自動車の流れ作業による大量生産体制を確立し，その大量生産に対応した流通・販売体制の必要からマーケティングの模索を始めた。つまり，消費者が必要とする以上の製品が市場に供給されると，企業はそれまでの「作れば売れる」という企業経営の観点に，「いかに売るか」という観点を積極的に導入しなければならなくなったのである。

　わが国の実業界においてマーケティングという理念が注目されるようになったのは，戦後の荒廃した経済を立て直すために1955（昭和30）年に設立された日本生産性本部のアメリカ視察団が帰国し，記者会見で団長・石坂泰三氏の「アメリカにはマーケティングというものがある。わが国もこれからはマーケティングを重視すべきである」という発言がなされてからである。これをきっかけに，マーケティング活動が本格的にとり組まれるようになった[4]。

　マーケティング（marketing）とは，market（市場）にing（創る・継続）を加

えた合成語で，多様な売れる仕組みを市場に働きかける活動であり，単なる販売（selling）とは異なる。マーケティングの基本は，顧客に対して常に新しい生活スタイルの提案を行い市場を創造していくことであり，言い換えれば顧客の創造である。ここでは，顧客とは自社の商品やサービスを販売する対象で購入の可能性のある人を指し，消費者とは商品やサービスを購入し消費する人を指すことにする。マーケティングでは，企業が提供する製品やサービスを，消費者が抱える問題を解決する**便益の束**（bundle of benefit）として捉える。便益の束とは，まずその製品が提供している物理的特徴のほか，品質，ブランド，パッケージなどを含む本質（中核）的なサービス部分と，次にその製品に付随する保証，配達，信用供与などの補助的なサービス部分などを指す。

　このように製品は便益の束として，本質的なサービス部分と補助的なサービス部分の組み合わせから捉える必要がある。つまり，顧客は製品の物理的特徴のみを購入しているだけではなく，そこから派生するさまざまな満足を引き出すことのできる便益の束として考えているのである[5]。

2）企業経営における3つのコンセプトの変遷

　企業経営におけるコンセプトとは，経営を行う際に必要とされる市場に対する考え方で，企業が全組織的に持つべき市場に対する概念である。ビジネスにおける企業経営のコンセプトの変遷は，表5-5のように示すことができる。

表5-5　企業経営における3つのコンセプト

	製品志向	販売志向	マーケティング志向
起　点	生産現場	既存製品	顧客ニーズ
視　点	内から外へ	内から外へ	外から内へ
対処法	製品改良	販売とプロモーション	統合型マーケティング
志　向	職人的	戦術的	戦略的
目　標	自己満足	顧客獲得	顧客満足
問題点	視野が狭くなる	短期志向に陥る	社会の幸福を見落とす

注：近年では環境や資源にも配慮した社会の幸福を求めるソサイエタル・
　マーケティングなどが提唱されている。
（資料：恩藏直人　マーケティング　日本経済新聞社　2004）

製品志向とは，顧客は優れた製品を求めるということを前提とした企業の考え方で，製品改良に重点を置き，企業内では職人気質ともいえる志向が強い。しかし，製品コンセプトの強い企業は，目の前にある製品の改良のみに気を取られすぎてしまい，顧客が本来望んでいるニーズに対して視野が狭くなり，製品に対する顧客のニーズを忘れがちになる。**販売志向**とは，顧客に自社製品の購入を強く求めようとする企業の考え方であり，新製品とともに既存製品の売り込みと，プロモーションに頼ろうとする志向が強い。わが国の企業は，高度経済成長期を迎えると，製品の需要量に対して供給能力が過剰になり，自社製品の短期的な売上高向上に意識が注がれ，製品に対する顧客ニーズに耳を傾け，顧客との長期的な関係性を維持しようとする姿勢が薄らいでいた。

マーケティング志向は，顧客ニーズを起点としており，ほかの2つの志向と大きく異なる点は，企業経営の視点が「外から内へ」に立っていることであり，マーケット・インの考え方である。これに対して製品志向と販売志向の視点は「内から外へ」に立っており，プロダクト・アウトの考え方であり，生産現場，既存製品を起点とした企業理念である。

マーケティング志向の初期にいる消費者には，グリーンコンシューマー（環境を大切にする消費者），エシカルコンシューマー（倫理的な消費者）が少なかったため，企業の経営姿勢が顧客満足に傾注しすぎると，社会の幸福を見落とすという課題があった。近年では生命や健康，文化あるいは環境問題に顧客の関心が高まり，企業経営には企業の短期的な利益だけを追求するのではなく，企業の社会的責任・社会的貢献を果たすソサイエタル・マーケティング志向が求められ，さらには環境問題など多くの課題への取り組みは，**持続可能な開発目標（SDGs）**として不可欠な要素となっている。

（2）フードマーケティングの基礎理論

1）STP戦略

製品に対する顧客ニーズは多種多様であり，企業は自社製品の販売市場について，ある製品の市場全体をターゲットとすることは稀である。むしろ企業は

自社が有利に展開できる特定部分の市場を選び出し，そのターゲットに対して自社製品のポジショニングを確保しようとする。STP戦略とは，企業は製品，価格，販売促進，場所の4つを効率的に組み合わせたマーケティング・ミックスを展開する前に明確にしておくべき事柄であり，マーケティング・ミックスの意思決定はSTPの決定後に行われるのが理想であるといわれている。STPとは，**セグメンテーション**（segmentation：市場の細分化），**ターゲティング**（targeting：標的），**ポジショニング**（positioning：位置づけ）のことである。

　セグメンテーションとは顧客の性別，年齢別，地域別，所得レベル別，ライフスタイル別，嗜好別など似通った特定部分の市場を抽出し，その特定市場の顧客ニーズに対し的確に製品を提供する考え方である。これにより企業は製造コストを低く抑え，同質製品を量産・販売できる規模の経済を達成でき，セグメント内の顧客に自社製品を受け入れてもらうことが期待できる。

　次に企業は，自社製品がどのような顧客をターゲットとするのかという意思決定が求められる。ターゲットとする特定市場を定めた後，顧客が自社製品を選好するような他社製品との違いや魅力をアピールし，市場における自社製品の位置づけを実現する意思決定が要求される。かつて，売り手は不特定多数の買い手に対して**マス・マーケティング**（大量生産・大量消費）を展開していたが，顧客ニーズが多様化した現在では，1つの市場において1つの製品で，すべての顧客を満足させることができなくなり，STP戦略が重要になっている。

2）4Pと4C

　企業は，STP戦略により新製品開発の方向性が明らかになると，マーケティング・ミックスの検討に入る。ここでは改めて4Pと4Cの概念を説明する。

　4Pとは，product（製品，サービス），price（価格），place（流通），promotion（促進）の頭文字を取ったもので，ミシガン州立大学教授マッカーシー（McCarthy, E. J.）が，1961年に提唱したものである。約50年前の経済成長期の考え方と技術であり，作り手・売り手主体の考え方（product out）で，大量生産・大量消費を前提とした考え方である。4Pを効率的に組み合わせたマーケティング・ミックスを展開することで，ターゲットとなる顧客を取り組んでい

くマーケティング・マネジメントを示唆している。ここで重要なことは「企業経営の3つのコンセプト」で説明したように、4Pは企業視点の「内から外へ」に立ったプロダクト・アウトの考え方であり、生産現場、製品を起点としたマーケティングの展開である。しかし、現代社会が求めている企業経営の視点は「外から内へ」に立ったマーケット・インの考え方であり、顧客ニーズを起点としたマーケティングの展開である。現代企業のマーケティングを考える場合、4P概念の重要性は失われてはいないものの、4P概念の各要素に相応する顧客視点の考え方を取り入れた4Cの概念が提唱されてきている。

　4Cとは、ノースカロライナ大学教授のロバート・ラウターボーン（Lauterborn, R. F.）が、1980年代、4Pが売り手側の視点（product out）で捉えられているのに対し、買い手側（顧客）の視点（market in）でマーケティングを捉え直そうと提唱したものである。4Cは、customer value（顧客価値：商品・サービスによって顧客が得られる価値）、customer cost（顧客コスト：顧客が商品・サービスを入手するために必要な費用）、convenience（利便性：商品・サービスがほしいときに手に入る）、communication（コミュニケーション：企業と顧客が自由に対話できること）の頭文字をとったものである。

3）プロダクト・アウトとマーケット・イン

　プロダクト・アウト（product out）とは、作り手がよいと思うものを作る、作ったものを売るという考え方で、企業が商品開発や生産活動を行う上で、作り手の理論を優先させるシーズ志向のことである。従来の大量生産がこのやり方にある。マーケット・イン（market in）とは、顧客が望むものを作る、売れるものだけを作るという考え方で、顧客視点で商品の企画・開発を行うニーズ志向で提供していくことである。わが国では長い間、よいものを作れば売れるというプロダクト・アウトの時代が続いていた。しかし、1970年代以降、市場が成熟化・飽和化し、さまざまな業界で供給過剰に陥り、企業の都合で作られた商品・サービスのままでは、受け入れられなくなってきた。そこで、90年代前半、顧客視点やニーズを重視しようとするマーケット・インの考え方が登場した。近年では、顧客視点に立つことが、企業のモノづくりの前提になってい

るが，決して，プロダクト・アウトは古い概念ではないし，すべてがマーケット・インへ転換しているわけでもない。技術力や研究の積み重ねによって新しい商品が開発され，ヒットすることは多く，顧客自身も明確にほしいものを自覚しているわけではない，というのが現実である。

4）プッシュ戦略とプル戦略

① **プッシュ (push) 戦略**　プッシュ戦略とは，製造業者が製品を流通（卸売・小売）業者に積極的に販売してもらうよう促進する戦略である。具体的には，流通業者が仕入れやすい価格を設定し，**外増し**（1ケース仕入れた場合には何個かおまけを付ける）や**内増し**（1ケース仕入れた場合には何個か分の値段を引く）など，仕入れ促進策を実施したりすることである。どんなによい製品を作っても，流通業者が仕入れてくれなければ小売店の店頭に並べることはできない。そうすると作った製品は取引の対象とならず，製造業者の倉庫に寝たままということになる。プッシュとは，図5-1が示すように作ったものを小売業者の店頭まで押し出すという意味が込められている。

② **プル (pull) 戦略**　プル戦略とは，製造業者が消費者に直接，商品やサービスの魅力を訴えることで，購買意欲を刺激し，最終的には消費者が指名買いをするように仕向ける戦略のことである。プルとは，広告や販売促進を行い，消費者を小売店の店頭まで引き付け，購買行動を促進するという意味であ

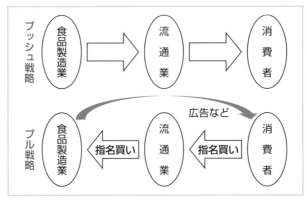

図5-1　プッシュ戦略とプル戦略

る。さまざまな広告や販売促進を行うプル戦略を実施したとしても，プッシュ戦略によって，商品が店頭に大量に並ぶという状態を実現しなければ，多数の消費者が購買するということを達成することができない。その逆に，プッシュ戦略を実施して，商品が大量に陳列される状態となっても，プル戦略が弱ければ，消費者の購買を促進することはできない。したがって，プッシュ戦略とプル戦略は同時に実施することが必要である。もちろん，商品それ自体が消費者に満足を与えるものでなければ，いかにプッシュ戦略とプル戦略を行ったとしても，継続的な購買を実現できないことはいうまでもない。

5）製品（商品）ライフサイクル理論

製品のライフサイクル理論（product life cycle）とは，製品に寿命があるという考え方を前提とした理論である。製品とは製造された品物を指し，商品とは売買目的としての品物を指す。ここでは，以下に説明する段階によって，製品と商品いう用語を使い分ける。市場に導入された新製品の売上高はゆっくりと増大し，その後急速に伸びを示す。やがて売上高の伸びは鈍化し利益も低下し，次第に売上高と利益が急速に減少する段階を迎える。製品ライフサイクル理論は，製品の売上高と利益が①導入期，②成長期，③成熟期，④衰退期の4つの段階を経て減少し，各段階によって図5-2が示すように変わっていくという，企業が製品戦略を考える上で必要なマーケティング理論である。

① **導　入　期**　製品が導入されて，消費者に認知される段階であり，卸売業者や小売業者などの流通業者に製品を取り扱ってもらうよう促進し，消費者に試用してもらうなど商品の認知度を高めていく必要がある段階である。市場導入と拡大のための広告費，販売促進費，営業活動費などに多額の資金が必

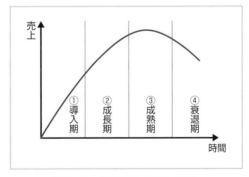

図5-2　商品のライフサイクル

要となる段階である。

② **成　長　期**　　商品が市場で広く認知され，需要が拡大し，売上高が急激に伸びる一方，競合他社の参入も増えてくる段階である。生産設備の増強や取引先の拡大のために多額の資金が必要となる。

③ **成　熟　期**　　需要が飽和化し，売上高，利益ともにピークを終え，伸び悩む段階である。価格競争も激しくなり，限られた市場規模の中でシェアを奪い合う状況になる。他社と差別化した製品の開発や既存商品の改良が必要となる。

④ **衰　退　期**　　売上高と利益は急速に減少して，代替製品が登場するなどして，商品が市場から撤退するまでを視野に入れる段階である。

　企業の製品戦略は，衰退期を迎えた製品ライフサイクルのS字曲線が，右シフト，右上がりの期間が可能な限り長く維持できるように努める。製品ライフサイクルの延命策としては，製品の素材・原材料の改良，製品のデザイン・パッケージの見直し，新たな機能の付加などがあげられる。しかし，その既存製品の延命線上にあるような改良製品では，顧客のライフスタイルの変化や多様化するニーズへの対応，さらには近年の環境問題に対する消費者意識の高まりによって容易に対応できず，製品戦略には既存製品とは質的に異なる新製品の開発が求められる。

6）製品・市場による成長戦略

　企業の製品戦略は，企業が将来的にどのような方向で成長を図るかに大きく影響してくる。米国の経営学者イゴール・アンゾフ（Ansoff, H. I.）は，1965年，企業が営む事業の範囲を「製品」と「市場」という2つの軸に分け，さらに製品と市場をそれぞれ既存か新規かに分け，図5-3が示すようにこれらの組み合わせから成長目標を模索する4つの戦略を提唱した。これは事業の成長・拡大を図る際に用いられるマトリックスのことであり，「アンゾフのマトリックス」などとも呼ばれる。

① **市場浸透戦略【既存市場×既存製品】**　　既存の製品・市場分野のままで，売上高や市場占有率を伸ばそうとする戦略である。現在の顧客に対し，製

図5-3　アンゾフのマトリックス図

品の使用量や頻度を増やすために，プロモーションの強化を図り，価格面の対応，流通チャネルの再検討を行う。

②　**市場開拓戦略【新市場×既存製品】**　　現在の製品ライン（製品系列）をもって新たな市場を開発し，成長の機会を見出す戦略である。限定された市場の範囲を拡大し，既存製品を新しい用途に適合させて，異なったタイプの顧客の需要を掘り起こす場合などがある。

③　**製品開発戦略【既存市場×新製品】**　　既存市場や顧客層に対して，新製品を開発提供して，その売上高を増大させようとする戦略である。研究開発力や生産技術などが高い場合には，特に有力な戦略となる。

④　**多角化戦略【新市場×新製品】**　　製品と市場の両面で，企業にとって全く新しいものを目指すことである。既存の製品や事業は，製品ライフサイクル，競合関係，需要の変化などからいつかは成長の限界や衰退が到来する。事前に製品や市場の新陳代謝を図り，企業の収益源を安定的に確保することである。

7）3C分析とSWOT（強み・弱み）分析

企業が経営戦略を策定する前にまず分析しなければならないのが自社である。その方法はいくつかあるが，ここでは3C分析とSWOT分析について説明する。

①　**3C分析**　　3C分析とは，自社（company），顧客（customer），競合

（competitor）の頭文字をとったものであり，それぞれの視点から，自社が市場においてどのような現状にあるかを分析する。顧客視点と競合他社視点からの分析は外部分析にあたり，自社分析が内部分析にあたる。顧客視点からは，トレンド，ニーズなどから顧客の購買行動を把握し，市場セグメント別の顧客動向も把握する。競合他社の視点からは，自社にとっての競合を確定し，その企業の強み・弱みを分析することから成功要因を明らかにする。自社の視点からは，自社の強み・弱みを分析し，自社の取るべき方向性を検討する。

　② **SWOT（強み・弱み）分析**　　企業には，常に変化している経営環境に対し，主体的に対処し速やかに適応することが必要とされる。そのためには，自社の強みと弱みを分析する必要がある。この分析は一般的にSWOT分析と呼ばれている。企業は，自社が保有する経営資源を内部環境として捉え自社の強み（strength）と弱み（weakness）に識別し，これら自社を取り巻く外部環境の機会（opportunity）と脅威（threat）に適合させることで，将来の経営戦略をデザインすることになる。「機会と脅威」は，将来の事業に対する市場の機会と脅威を識別し，それに対応する自社の「強みと弱み」にあたる経営資源を検証することが可能となる。

（3）最適な品ぞろえと製販同盟
1）ロジスティクス

　ロジスティクス（logistics）とは，企業（製造業，流通業，サービス業）が，市場・顧客の要求に適合することを目的に，商品の仕入れや原料の調達を組織として効率的に，低コストで行い，商品や原料を必要な時に，必要な量だけ，効率的に届ける活動のことである。

　ロジスティクス活動は，企業の活動を超えて，他の企業との協業を前提にしてつながっていく。つまり，社会的な流通システムの枠組みで効率化・最適化を考えることを志向するのが一般的である。ロジスティクスは，単にモノの流れに重点を置いている物流（physical distribution）という言葉とは区別して使われている。

2）チームマーチャンダイジング

マーチャンダイジング（merchandising：MD）とは，適正な商品またはサービス（right goods）を，適正な場所（right place），適正な時期（right time）に，適正な数量（right quantity）を，適正な価格（right price）で提供するための計画と管理である。この5つの適正（ファイブ・ライト）は「品揃え計画」「リテール・マーチャンダイジング」などともいわれる。食品製造業では「製品戦略」「商品化計画」をマーチャンダイジングと呼ぶこともある。

チームマーチャンダイジング（team merchandising）とは，製品開発に参加する食品製造業者，卸・小売業者の各社がチームとなって，共同でマーチャンダイジングを行うことであり，製販同盟とも呼ばれる。飽和状態にある食品市場では，新製品開発の方法としてメーカー主導によるプロダクト・アウトの製品開発が行われる一方，流通経路の末端に位置し顧客ニーズの情報を収集できる卸・小売業者と，独自の生産技術をもつ大手食品製造業者などが共同して，マーケット・インの製品開発が行われるようになった。

最近は，コンビニエンスストアの企業が主導して行われるケースが多い。小売業者がリードすることで，顧客のニーズをもとに商品開発，販売が柔軟に行うことができるといわれている。例えばセブン－イレブンは，製販同盟というチームマーチャンダイジングによって多くの新製品を販売しているが，特に「セブンプレミアムゴールド」は，メーカーの最高の製造技術を生かした製品開発といわれている。

3）プライベートブランド商品

プライベートブランド（private brand：PB）商品は，小売業者や卸売業者などの流通業者が，独自に商品の内容やパッケージデザイン，ネーミングなどの企画・開発を行い，製造を製造業者に委託する形態が多く，自社のブランド（商標）で販売する商品で**自主企画商品**ともいわれる。PB商品は，全国的な知名度を持つブランドや全国各地で販売されている食品製造業者が開発・製造し，テレビCMや新聞広告などで宣伝を行う**ナショナルブランド**（national brand：**NB**）商品に対比して使用される用語である。

最近，PB商品と若干異なる留め型商品をよく目にする。PB商品は一般的に小売業者などのブランドが商品表示の前面に出ている。一方，留め型商品には製造業者のブランドと小売業者のブランドが商品表示（**ダブルブランド**）されており，特定小売業者の専用商品となる。ダブルブランドを使用する目的は，①以前から顧客の認知や信頼を得ているブランドとタイアップすることで，顧客の商品に対する購買意欲を早々に高めることができ，②特定小売業者の流通チャネルだけの販売に留めることが可能になるからである。

4）ローカルブランド商品

NB商品，PB商品は，全国で同じものが店頭に並べられているが，日本は地域で地場の食材を中心にした食生活が確立しており，ベスト・ローカルと呼ばれる各地域のスーパーマーケットが存在している。ある生活圏の中に消費者の支持を受けながら，生き残ってきた**ローカルブランド**（local brand：**LB**）商品の広がりの可能性が大きくなっている。大手スーパーマーケットやコンビニエンスストアの企業などが，地場食品・食材への接近を強め，その地域独特の食材を使用した，その地域限定で販売するLB商品（弁当，惣菜，スイーツなど）を開発する事例が増えてきている。

（4）マーケティングと消費者購買行動

1）マーケティング・リサーチ

オーストリア出身の経営学者であるピーター・ドラッカー（Drucker, P. F.）は，「マーケティングの狙いは，販売を不要なものにしてしまうことである。マーケティングの狙いは顧客という者をよく知って理解し，製品（ないしはサービス）が顧客にぴったりと合って，ひとりでに売れてしまうようにすること」と述べている[6]。つまり，ドラッカーが指摘している販売とは，販売促進に依存した「製品志向」ではもはや商品の売り込みには限界があり，企業には「ニーズ志向」「顧客志向」の発想が重要であることを指摘している。その解決のために，企業は常に変化する顧客ニーズをキャッチするマーケティング・リサーチが重要となってくる。マーケティング・リサーチとは，マーケティング

活動を進める過程で発生する意思決定や問題解決のために，顧客あるいは競合他社などの市場関与者を対象としてさまざまな手法による調査を実施し，収集したデータを分析・加工して活用する一連の過程であり，現実のマーケットを調べるのである。

2）カスタマー・インサイト

　カスタマー・インサイト（customer insight）とは，顧客視点に立った調査のことである。その方法は，①リサーチする現場に足を運び，買い，食べる，②その現場の顧客の買い方，食べ方を観察する，③そこにいる顧客の声を聞く，というものである。新聞・雑誌などで紹介される消費者調査の結果は，自社・自店の顧客を調査したものではない。したがって，参考にはできても，マーケティングを計画する上での具体的な手掛かりとはならない。その商品をどのような人（性別・年代別）が，どれだけ（顧客数），いつ，どのタイミングで購入したかはPOS（point of sales）データで解決するが，「なぜ購入したのか」を明らかにすることはできない。カスタマー・インサイトは，購入現場で顧客ニーズや購入心理を探ることを目的とするものである。

3．デジタル・マーケティングの基本理論

（1）AIDMAモデルからAIASAモデル

　近年，スマートフォンとソーシャルメディア（social media：インターネット上で不特定多数の人がコミュニケーションを取り，情報の共有や情報の拡散が生まれる媒体）の急速な普及によって，マーケティング活動の様相が大きく変わってきている。企業はSNS（social networking service）を活用して，オンライン・ツー・オフライン（online to offline）の構築を行っている。これまでは，企業自身が自社製品の愛用者を増やし，固定客を確保する目的でマーケティング活動が行われてきた。現在では，インターネット上で形成される消費者間のネットワークを通して，企業を含む利用者による情報発信や利用者間のコミュニケーションによって，商品の評価が行われるようになった。

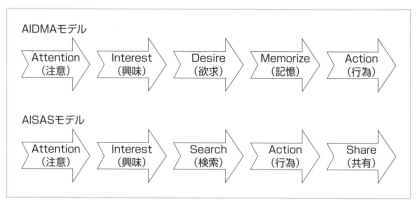

図5‐4　AIDMAモデルとAISASモデルの比較

　インターネットが広く普及した今日の消費者購買行動の意思決定を理解する枠組みとして，従来の**AIDMAモデル**（attention, interest, desire, memorize, action）から，近年ではAIDMAモデルを見直し，インターネット時代に適した**AISASモデル**（attention, interest, search, action, share）という新しいプロセスモデルが提唱されている（図5‐4）。

　AIDMAモデルは，消費者が多様な情報や購買喚起に接することにより，商品に対する注意（attention），興味（interest），欲求（desire），記憶（memorize），行為（action）の順で生じるという消費者の購買過程を簡易にモデル化したものである。

　一方，AISASモデル（attention, interest, search, action, share）のattention, interest, actionはAIDMAモデルと同じ意味合いであるが，探索（search），共有（share）は，インターネットの利用者が商品の情報を探索し，さらに購買後には友人などと情報を共有するというプロセスモデルである。

　これまでの消費者購買行動は，一般的にAIDMAモデルの過程を通じて，"商品を店舗で選択し，店舗で購入"，あるいは"商品を店舗，通販，ネットなどの手段で購入"する消費者の最終的な購買行為という流れであった。デジタル社会での消費者購買行動に対応したAISASモデルは，購買後もインター

ネット上で購入した商品から得られた情報・経験をネット上で他人とシェアし，顧客同士が企業やブランドについて，自由に評価できる流れになった。

（2）伝統的マーケティングからデジタル・マーケティングへ

　デジタル・マーケティングとは，インターネットやソーシャルメディアをマーケティング戦略に取り入れた活動を意味し，デジタル時代のマーケティングを総称している。ここでは，デジタル・マーケティングを理解しやすいように，デジタル・マーケティングに含まれるインターネットやソーシャルメディアを活用するソーシャルメディア・マーケティングについて説明する。

　デジタル社会では，顧客は企業の一方的なターゲットではなく，企業は顧客の必要に応え，顧客とともに，価値の創造を目指し，こうした活動を共創（co-creation）や協働（co-working）と呼んでいる。デジタル社会のマーケティングは，これまでの伝統的なマーケティングとどのように違うのだろうか。

　マーケティングの基本要素であるマーケティング・ミックスは，4P（製品，価格，プロモーション，流通）から成り立っており，企業は顧客に向けて4Pを効率的に組み合わせることが，マーケティング戦略の基本であった（p.122参照）。デジタル・マーケティングにおいてもマーケティング・ミックスが計画・実行される。そこで，デジタル・マーケティングにおける4Pの枠組みについてみると，①製品は，企業と消費者の共創・協働により新製品が開発され，時には消費者のアイディア主導で開発，②価格は，消費者が自由（消費者のコミュニケーションによる設定）に設定，③プロモーションは，消費者間の口コミが促進，④チャネルは，消費者相互のオンライン情報に基づき，企業と消費者がチャネル機能を分担するようになる。このように，消費者間のコミュニケーションやインタラクション（interaction：相互作用）が，従来のマーケティング活動に強い影響を与えるようになる。

　2005（平成17）年，カカクコム（日本のインターネット関連サービス事業を行う企業）によって立ち上げられたレストランの口コミ共有サイトである「食べログ」は，レストランについての情報収集を行い，消費者に利便性を提供してい

る。食べログが扱うレストランは，消費者が日常，頻繁的に利用するサービスであるため，レストランに関する口コミを求める頻度が高かったという。これからのデジタル社会では，企業が中心となって展開できるマーケティング・ミックスを基本としつつ，消費者の情報と企業が共創・協働する顧客中心のデジタル・マーケティング活動の時代を迎えている[7]。

文　献

1）農林水産省編　令和元年度　食料・農業・農村白書　2019
2）同上
3）同上
4）和田充夫・恩藏直人・三浦俊彦　マーケティングの戦略（第5版）　有斐閣　2016
5）沼上幹　わかりやすいマーケティングの戦略　有斐閣　2005
6）P. F.ドラッカー著／野田一夫・村上恒夫監訳　マネジメント（上）　ダイヤモンド社　1974
7）西川英彦・澁谷覚編著　1からのデジタル・マーケティング　碩学舎　2019

6

食料消費の課題

★ 概要とねらい

　わが国の食生活・食料消費パターンが大きく変化しはじめたのは，高度経済成長期を迎えた1960年代に入ってからである。食生活の変化は，畜産物を中心とした動物性食品の摂取を増やし，その傾向は1970年代に入っても続き，飽食の時代を迎えたのである。

　その一方で，食料供給を取り巻く環境においては，2000（平成12）年に発生した大手食品企業の食中毒事件，翌年に発生したBSE（牛海綿状脳症）の発生など，食の安全を揺るがす問題が次々と発生している。また，地球温暖化による異常気象が頻発し，生態系や農産物に大きな影響を与えている。

　このように私たちの食生活・食料消費パターンが変化する背後には，食料資源や環境問題など，多くの課題を抱えている。ここではフードシステムにおけるいくつかの課題 —食料消費と環境問題，食品流通の安全確保，食料消費を取り巻く課題— を取り上げて解説している。

　ぜひ，ここにあげられた課題や取り組みの歴史的経緯と内容を理解するとともに，SDGsの17の目標と関連させて学習してほしい。また，フードスペシャリストなどの食品業務に携わる者は，これらの課題に対する解決策を一人ひとりが問わなければならず，今日の食の担い手としての責任感を持つとともに，これからの安定した食生活を維持するためのフードシステムを考えることも重要な使命である。

1. 食料消費と環境問題

（1）持続可能な開発目標（SDGs）

　持続可能な開発目標SDGs（エスディージーズ）は，環境，社会，経済のバランスがとれた社会の実現に向けた「**17のゴール（目標）**」と，その課題ごとに設定された「**169のターゲット（達成基準）**」からなる世界共通の目標である。

　SDGsのSD（sustainable development：持続可能な開発）という言葉は，1984年，国連に設置された「環境と開発に関する世界委員会」の報告書で使用されており，2015年9月に国連総会でSDGs（sustainable development goals）が採択されるまでに28年が経過している。SDGs17の目標に含まれる目標2（飢餓をゼロに）の前文は「飢餓に終止符を打ち，食料の安定確保と栄養状態の改善を達成するとともに持続可能な農業を推進する」とあり，目標2の実現には，食料安全保障や貧困・飢餓，食料生産，環境問題などの諸問題の解決が直結している。近年，わが国の食品業界では，健康課題の解決に貢献する商品開発，環境負荷の低減，持続可能な原料確保など，SDGsの達成に向けた取り組みを実施する企業も増えている。本章では，食料消費や環境問題などSDGsに関わる課題を解説しているので，17の目標と照らし合わせながら学習してほしい。

（2）3R（リデュース，リユース，リサイクル）

　廃棄物問題への対応策として日常生活で求められるのは，廃棄物の発生を抑制し省資源化を進める**リデュース**（reduce：発生抑制），部品などを再利用する**リユース**（reuse：再利用），使用した製品を原材料として再資源化する**リサイクル**（recycle：再生利用）への取り組みである。これらの頭文字から3Rと呼ぶ。飲食料品製造・販売事業者は食品容器包装の3Rを積極的に取り組んでいる。近年ではこの3Rに，ごみとなるレジ袋を断って持参するエコバックなどを使う**リフューズ**（refuse：拒否），多少の破損なら修理して使い続ける**リペア**（repair：修理）の2Rを加え**5R**への取り組みも進んでいる。

（3）食品リサイクルと食品廃棄物

　わが国では1997（平成９）年の地球温暖化防止京都会議を契機に，日本の環境政策の根幹を定める基本法として「環境基本法」（1993（平成５）年）が，そして循環型社会を目指して「循環型社会形成推進基本法」（2000（平成12）年）が成立した。食品リサイクルに関連する法律としては「容器包装に係る分別収集及び再商品化の促進等に関する法律（容器包装リサイクル法）」（1995（平成７）年），「特定家庭用機器再商品化法（家電リサイクル法）」（1998（平成10）年），「食品循環資源の再生利用等の促進に関する法律（食品リサイクル法）」（2000（平成12）年）などの法律が誕生した。食品流通業の環境問題に対しては，ゴミ削減の工夫，交通渋滞の解消，さらには駐車場の騒音対策など地域社会と一体となって取り組む必要がある。食品リサイクル法では食品系の生ごみである**食品廃棄物**のリサイクルを勧めている。食品廃棄物とは，食品の製造・調理過程で生じる加工残さで，食用に供することができないものや食品の流通過程や消費段階で発生する売れ残りや食べ残しなどをいう。2017（平成29）年度の食品廃棄物等年間発生量は表６−１が示すように食品産業全体で約1,767万トンである。こうした廃棄物における飼料や肥料等への再生利用等実施率は，食品産業全体で84％，業界別では食品製造業が95％，食品卸売業で67％，食品小売業で51％，外食産業で32％である。フードシステムにおける食品流通の川下に至るほど，分別が難しくなり実施率が低いが，2013（平成25）年に比較

表６−１　食品循環資源の再生利用等実施率

年　度	食品廃棄物等年間 発生量（千トン）		再生利用実施量 （千トン）		再生利用等実施率 （％）	
	2013	2017	2013	2017	2013	2017
食品産業合計	19,270	17,666	13,355	12,297	85	84
食品製造業	15,936	14,106	12,495	11,252	95	95
食品卸売業	210	268	96	153	58	67
食品小売業	1,239	1,230	453	474	45	51
外食産業	1,884	2,062	311	419	25	32

（資料：農林水産省　食品循環資源の再生利用等実態調査　より作成）

し，再生利用等実施率は食品卸売業，食品小売業，外食産業で高まっている。

食品リサイクル法は2007（平成19）年に改正され，地域での食品廃棄物のリサイクルを重視した**食品リサイクル・ループ**（これまで「ゴミ」と捉えてきた食品廃棄物を「資源」として捉え，地域で完結する循環型モデル）の構築など，食品リサイクルを進めるための仕組みが盛り込まれた。

2020（令和2）年には容器包装リサイクル法に基づく省令が改正され，プラスチック製買物袋の排出を抑制するため，その有料化が必須とされた。

（4）食品ロス

食品ロスとは，廃棄された食品のうち売れ残りや規格外品，返品，食べ残し，直接廃棄物等の本来食べられるにもかかわらず廃棄される食品をいう。

わが国の2017（平成29）年度の食品ロス発生量は，年間約612万トンと推計されている。これを国民1人当たりに換算すると年間48kgととなり，1人当たりの米の年間消費量54kgに相当する量と指摘されている[1]。この食品ロスの約半分（200万～400万トン）は，一般家庭から発生する家庭系食品ロスであり，食品ロス削減のためには消費者の意識改革も必要とされている。消費者はある程度保存可能な加工食品についても鮮度を重視する傾向にあり，賞味期限を迎えていない食品が廃棄対象になる場合もある。

農林水産省はこのような状況に対し，食品関連企業などによる「食品ロス削減のための商慣習検討ワーキングチーム」を設置し，「納品期限の見直しに関する実証事業の最終報告書」（2014（平成26）年）を作成した。それによると，限られた期間・地域で飲料・菓子の一部品目の店舗への納品期限を，現在よりも緩和（賞味期間の3分の1→2分の1以上）する実証事業では食品ロス削減の効果が見込まれた。近年，即席めんの賞味期限（袋めん6か月→8か月，カップめん5か月→6か月），レトルトカレーの賞味期限（2年→3年）など，一部の食品で賞味期限が延びている。その理由は，①メーカーの品質管理に関する技術の進歩，②東日本大震災の経験から備蓄食品への考えが浸透，③食品業界における業界慣習見直しの動きがあげられている[2]。食品ロスについては，

SDGs目標12「つくる責任つかう責任」で指摘されており，持続可能な消費と生産のパターンを確保することが求められている。食品業界における食品ロスの1つの要因とされている商慣習の見直しとともに，フードシステムの過程で発生する未利用食品を食品企業や生産現場などからの寄付を受けて必要としている人や子ども食堂の施設等に提供するフードバンク，フードシェアリングが全国的に広がっており，食品の廃棄削減と有効活用が期待されている。

　そして，令和元（2019）年10月施行の「食品ロスの削減の推進に関する法律」では，食品ロスの削減に関する国・地方公共団体・事業者の責務，消費者の役割や，食品ロス削減基本計画の策定・推進などが明記された。また，10月を「食品ロス削減月間」，10月30日を「食品ロス削減の日」と定めている。

（5）フード・マイレージ

　フード・マイレージ（food mileage）は，食料の輸送量に輸送距離を乗じた指標である。これは1990年代から英国で行われている「food miles（フード・マイルズ）運動」の概念であり，「生産地から消費地までにかかった環境負荷を数値化したもので，その値は生産地と消費地の距離が近いほど小さくなり，輸送に伴う環境負荷が少ないであろう」という仮説を前提とした概念である。ただし，この値には食料の輸送手段による二酸化炭素（CO_2）排出量や施設園芸等の生産に伴う環境負荷が考慮されていない点に課題がある。

　わが国の人口1人当たり輸入食料のフード・マイレージは，2001（平成13）年，7,093トン・kmであった。その後，2010（平成22）年には6,770トン・kmとなっているが，諸外国に比べて高い水準になっている[3]。

（6）ライフサイクル・アセスメント（LCA）

　ライフサイクル・アセスメント（LCA：life cycle assessment）とは「製品およびサービスにおける資源の採取から製造・使用・廃棄・物流など全ての段階（ライフサイクル）を通して環境影響を定量的，客観的に評価する手法の一つ（ISO14040）」とされ，その手法の一つは，「CO_2の見える化」の代表的取り組

みである**カーボンフットプリント**（CFP：carbon footprint of product）である。

　これは，製品のライフサイクル全体の中で排出されるCO_2の総量を算定し，消費者などに環境情報を提供する「環境ラベル」やホームページなどで公開する取り組みである（図6-1）。カーボンフットプリントは2006年にイギリスで始まり，日本では2008（平成20）年以降，政府が中心になり普及を進めている。農林水産省では2009（平成21）年からカーボンフットプリントの算定・表示となる「商品種別算定基準」

図6-1　カーボンフットプリントの袋
（資料：エコロジーライフジャパン
　　　　ホームページ）

を策定し，「うるち米」「花木」「野菜及び果実」などの算定基準を定め，カーボンフットプリントを表示した農産物を販売したケースもある[4]。

（7）バーチャルウォーター

　バーチャルウォーターとは，食料の輸入国が仮にその輸入食料を生産した場合，必要となる水量（仮想的な水必要量の試算）を推定したものである。これはロンドン大学のアンソニー・アラン（Allan, A.）が1990年代にはじめて紹介した概念である。一般的に所得水準が向上すると食肉の消費が増加し，家畜の飼料用穀物の生産に伴い多くの水が使用される。例えば，1kgのトウモロコシを生産するには灌漑用水として1,800Lが必要となり，牛はこの穀物を飼料として成長する[5]。日本は海外から多くの食料を輸入しており，その生産に必要な水量を自国の水を使わないで済んでいるのであり，食料輸入は形を変えて他国の水を輸入していると考えることができる。

（8）プラスチック製品の削減

　プラスチック循環利用協会がまとめた「2017年プラスチック製品の生産・廃

表6-2　食品産業で使用されている主なプラスチック製品

	繰り返し使用しない	繰り返し使用
食品製造業	食品容器包装，ペットボトル，緩衝材，手袋など	ポリタンク，調理器具，清掃用品，パレット，コンテナなど
流通業	レジ袋，弁当・惣菜容器，トレイ，発泡スチロールなど	パレット，コンテナ，清掃用品など
外食産業	ストロー，カップ・ふた，テイクアウト用容器，カトラリーなど	配膳用トレイ，食器，調理器具，清掃用品など

（資料：農林水産省資料）

棄・再生資源化・処理処分の状況」を基に農林水産省が作成した資料によると，「我が国におけるプラスチックの製造，排出の状況は2017（平成29）年で1,012万トンの樹脂製品が消費されており，それらの製品が使用され903万トンのプラスチックが廃棄されている（表6-2）。また，排出されたプラスチックの処理状況は，廃棄物の焼却処理で発生する熱エネルギーを回収し利用するサーマルリサイクルを含めると，総排出量の86％に当たる775万トンが有効利用されている一方で，128万トンについては有効利用がされておらず，焼却や埋立てにより処理されている」と指摘されている[6]。

　近年，わが国を含む世界各国で多量のプラスチックを輸入し，再生利用してきた中国が環境問題の顕在化などを理由に，2017年末に輸入禁止措置を講じたことから，国内での資源環境体制の整備が求められている。また，海岸漂着ごみやマイクロプラスチック等の海洋プラスチック問題はSDGsの目標14「海の豊かさを守ろう」でも指摘されている。

2．食品流通の安全確保

（1）食品の安全性

　現在，わが国の食生活は「飽食の時代」を迎えている。日本の食文化は無国籍化といわれるほど，多種多様な食料・食品で満たされている。しかし，食品の安全性については，十分配慮されているとはいえない。食料が豊富に供給さ

れ，加工食品も増加するにつれて，生産地から消費地までのフードシステムの間に多くの担い手が介在する。また，多くの食料が海外から輸入され，どこで，どのように加工され，消費者の手元に届いているのか，知るよしもない。このような状況では，食べている食料が本当に「安全」なのか，消費者にとっては不安になる。21世紀に入り，フードシステムでは残留農薬や添加物に関わる問題をはじめ，こうした段階で作業に携わるごく一部の企業や従業者のモラルの問題など，食料が十分豊かに供給されるようになった反面，食に関わるさまざまな社会経済的課題を抱えている。

（2）アレルギー表示

　身体が食物を異物として認識し，身体を防御するために過敏な反応を起こすことを**食物アレルギー**と呼ぶ。消費者庁は，特定のアレルギー体質をもつ消費者の健康危害を防止する観点から，過去の健康危害等の程度，頻度を考慮し，容器包装された加工食品へ特定原材料を使用した旨の表示を義務づけている。

　食品表示は，アレルギー表示の問題だけではなく，消費者が食品の内容を正確に理解し選択する場合の重要な情報となる。特にアレルギー表示の重要性について，消費者庁が発行している加工食品製造・販売者向けの『アレルギー物質を含む加工食品の表示ハンドブック（平成26年３月改訂）』[7]には，「アレルギー表示が適切にされていなかった場合には，その表示を信用した食物アレルギー患者がアレルギー症状を起こし，重篤な場合には命が危険にさらされることもあります。このような事故を防止するためには，加工食品を製造・販売するみなさまの『アレルギー物質の表示制度』に関する正確な理解と，それに基づき適切な表示を行うことが非常に重要」と指摘し，加工食品の製造・流通・販売を担う者に「アレルギー物質の表示制度」への正確な理解を求めている。

（3）トレーサビリティ

　2000年代に入り，食品の異物混入や偽装表示の食品事件の多発により，食品の生産・流通に関する履歴に消費者の意識が高まった。

トレーサビリティ（traceability）に関しては，HACCP（p.144参照）と関連して原料の履歴書として「トレーサビリティシステム」（生産・流通）の強化が図られた。これは，食品に関わる事業者が食品の入荷先や出荷先の記録などを残すことにより，食品の生産から消費までの「移動を把握」できるようにしたシステムである。現在，わが国では牛，米穀等（米および米加工品）のトレーサビリティが義務づけられている。法的には，**牛トレーサビリティ法**（牛の個体識別のための情報の管理及び伝達に関する特別措置法，2003（平成15）年）によって，牛海綿状脳症（BSE）のまん延防止を的確に実施するため，国内で飼養され，食肉処理された牛の精肉などに牛の個体識別番号が表示されることとなった。また，米に関しても，2009（平成21）年に制定された**米トレーサビリティ法**（米穀等の取引等に係る情報の記録及び産地情報の伝達に関する法律）により，米穀などの生産から販売・提供までの取引等の記録を作成・保存し，米の産地情報を取引先や消費者に伝達することとなった。

（4）残留農薬

わが国では輸入に依存する割合の低かった野菜類において，輸入を増加してきたのが中国産である。中国産は安価な労賃・地代による冷凍野菜や加工品だけではなく，輸送距離の短さを利用して生鮮野菜の輸入も増加した。そして相次いで**残留農薬**の問題が発覚した（2002（平成14）年に中国産冷凍ホウレンソウから検出）。また，輸出相手国が遠く長時間かけて輸出される農産物には，運搬中に発生する害虫やカビなどによる商品価値の低下を防ぐために，収穫物の果物や穀物，野菜に農薬（**ポストハーベスト農薬**）が散布され，その使用方法は時に話題になる。厚生労働省では，食品中に残留する農薬などが人の健康に害を及ぼすことのないよう，原則全ての農薬，飼料添加物，動物用医薬品について残留基準を設定している。農林水産省は農薬が基準を超えて残留することのないよう残留基準に沿って，農薬取締法により使用基準を設定している。食品の輸入時には検疫所において，残留農薬の検査等を行っている。輸入食料に多くを依存しているわが国のフードシステムは，その「食」と「農」の関係が

一層隔たり，残留農薬への対応はより慎重に対応しなければならない。

（5）GAP

　GAP（good agricultural practice）とは，食品の安全性向上を目的に農業生産過程で必要な関係法令などに定められている点検項目に即して，継続的に農業生産活動の各工程の正確な実施・記録・点検および評価を行う**農業生産工程管理手法**をいう。多くの農業生産者や産地がGAPを導入することで，食品の安全性のみならず環境保全，競争力の確保，品質の向上などの改善や効率の実現につながっている。2018（平成30）年度末現在，農林水産省の調査によれば，GAPを導入している産地は5,341経営体で，2014（平成26）年に比較し約2倍となっている。現在，JGAP（日本GAP協会）をはじめ，都道府県や農協などによるGAPが存在し，多くの産地で導入が進んでいる[8]。

（6）HACCP

　食品の製造工程ではHACCP（hazard analysis and critical control point）の取り組み推進が重要となっている。HACCPとは，原料の受け入れから最終製品までの工程で，微生物による汚染，金属の混入などの重要な危害因子を特定（危害分析：hazard analysis）した上で，それぞれについて危害の防止につながる重要な管理点（重要管理点：critical control point）を設定し，基準から逸脱しないように監視・改善・記録する管理システムをいう。HACCPの導入状況について，全ての工場あるいは一部の工場で，導入済みまたは導入途中の食品製造事業者の割合は2000（平成12）年度の3.3％から，2019（令和元）年度の40.5％へ37.2ポイント上昇しているが，販売規模が小さいほど導入率は低い状況にあり，小規模事業者へのHACCPに沿った衛生管理の周知，導入が大きな課題となっている（農林水産省　食品製造業におけるHACCPの導入状況調査2019）。

　わが国のこうした状況の中で，世界的なHACCP導入義務化が広がっていることから，食品衛生法等の一部改正により，2021（令和3）年6月からの本制

度完全実施によって，すべての食品等事業者に一般衛生管理に加えてHACCP
に沿った衛生管理の実施が求められることになった[9]。

(7) 企 業 倫 理

　日本では企業倫理＝法令遵守（compliance）と取られる。しかし，企業倫理
はむしろ法令だけではカバーできない領域を対象とすることも重要である。
　近年，企業は法律を忠実に守って経営を行っていればよいという時代ではな
くなり，顧客や消費者は法令遵守以外にも企業に期待するようになってきた。
そのため，企業自らが企業理念や行動指針などを，自社としての倫理感，判断
基準となる価値観として明確に定義することが求められるようになった。企業
は事業を通して社会と結びついており，事業そのものを通して社会的責任を果
たすことが重要である。法令遵守のみが企業の社会的責任ではない。
　食品の原料産地や添加物，消費期限などの偽装がしばしば問題になる。生産
者や流通業者などが食品の品質や消費期限を偽装した場合，消費者にはわかり
にくく発覚しにくいが，重大な健康問題につながりかねない。こうした問題を
回避するために，企業のコンプライアンスの徹底が一層求められる。

(8) 有機農産物

　農林水産大臣が指定した食品の品質・等級を示す主な規格として，**日本農林
規格（JAS規格）**があり，品目ごとに制定されている。JAS規格にはいくつか
の種類があり，有機農産物や有機食品については**有機JAS規格**で規格基準が定
義されている。2006（平成18）年に有機農業の推進に関する法律が施行され，
国全体で有機農業の推進が本格的に始まった。

有機JASマーク（図6-2）は，太陽と雲と植物
をイメージしたマークで，農薬や化学肥料など
の化学物質に頼らず，自然界の力で生産された
食品を表し，農産物，加工食品，飼料および畜
産物に付けられている。有機農産物の生産方法

図6-2　有機JASマーク

が規格基準に満たしているかどうかの認証は有機食品の検査認証制度に基づき，登録認定機関から認証を受けた事業者が行う。国内における有機農産物の格付数量は2018（平成30）年度で約7万トンとなっている[10]。消費者に有機農産物が認知される以前は，自然食品，無添加食品などと呼ばれており，消費者には無農薬という呼称のほうが現在では理解されやすい面がある。

3．食料消費を取り巻く課題

（1）買物難民

　近年の飲食料品店の減少，大型商業施設の郊外進出または撤退などが進行した結果，過疎地域のみならず都市部においても高齢者を中心に食料品の購入や飲食に不便や苦労を感じる消費者，いわゆる**買物難民**が増加している。こうした現象は，**食料品アクセス問題**（食の砂漠：food desertsとも表される）として社会的課題となっている。食料品アクセス問題に詳しい岩間信之は「『生鮮食料品供給体制の崩壊』には，空間的要因（商店街の空洞化などによる買い物利便性の低下）だけでなく，社会的要因（貧困や差別，社会からの孤立など）も含まれている」と指摘している[11]。「食料品アクセス問題に関する全国市町村アンケート調査」（2015（平成27）年3月公表）によると，食料品アクセス問題に対して「対策が必要」と回答した市町村は84％に達しており，大都市では「宅配，御用聞き・買い物代行サービス等に対する支援」をはじめ幅広い対策が行われている。また，中小都市では「コミュニティバス，乗合タクシーの運行等に対する支援」の実施割合が高くなっている。この問題の解決には，民間事業者や地域住民のネットワークを通じた継続的な取り組み，地方公共団体，各府省の連携した取り組みが重要となっている[12]。

（2）食品の風評被害

　風評被害とは，事実に基づかない人々の噂やメディアに流された情報によって，真実が歪められ，その結果生じる被害である。特に東京電力福島第一原子

力発電所の事故を受けて，この問題は大きくクローズアップされた。

　2011（平成23）年3月11日の東日本大震災後，全国の小売店やスーパーマーケットの店頭から，食品や飲料水など生活関連物資があっという間に姿を消した。これは大災害への不安から消費者が過剰に反応し，買い急ぎや買いだめに走った結果と指摘されている。また，原子力発電所の事故の影響で，一部の地域の野菜や原乳，魚などから放射性物質が検出されたニュースが報道されると同時に，出荷が制限された食品だけでなく，他のさまざまな食品の取引までが滞った。これは風評による消費者の買い控えの影響と考えられている。

　現代は主にインターネットによる情報伝達の多様化が風評の広がりに拍車をかけている。こうした現代においては，消費者自身がその情報の信憑性に確かな手がかりを持つよう努力することが必要である[13]。

　風評被害を防ぐためには，食品の安全性をめぐる様々な利害関係者がリスクコミュニケーションを図ることが求められる。リスクコミュニケーションは，フードシステムの担い手など，リスクに関わる組織や人が，十分な情報交換を行い，リスクについて合意を形成しなければならない。

（3）地産地消

　地産地消とは，**地域生産地域消費**あるいは**地元生産地元消費**の略といわれており，生産された農林水産物をその地域内において消費する取り組みである。この取り組みは食料自給率の向上をはじめ，農林水産業の高付加価値化につがることが期待されている。地産地消は，6次産業化・地産地消法（地域資源を活用した農林漁業者等による新事業の創出等及び地域の農林水産物の利用促進に関する法律，2010（平成22）年）および同法に基づく基本方針により，6次産業化（p.118参照）と総合的に推進することとされている。地産地消の推進には，輸入農産物の安全性に対する疑問から，新鮮，安価，安全・安心で高品質な国内産農産物・地場農産物などへの欲求が高まっている社会背景がある。また，農産物直売所での販売は流通コストの節約が可能となるため，生産者には高い手取りが期待でき，消費者への販売価格は低くなることが期待されている。

（4）食育の取り組み

　農林水産省によると，食育とは，生きる上での基本であって，知育・徳育・体育の基礎となるものであり，さまざまな経験を通じて「食」に関する知識と「食」を選択する力を習得し，健全な食生活を実践することができる人間を育てることである[14]と位置づけられている。法的には，2005（平成17）年6月に食育基本法が公布，同年7月に施行された。食育基本法が必要とされた背景には，食料を消費する人間が本来的に持っていなければならない「力」の欠如が表面化してきたからである。これらの欠如は食生活において偏食や欠食を背景とした健康面の問題を発生させ，一方でフードシステムへの無理解が問題の背景にもなっている。農林水産省では，安全で健やかな生活を送るために役立つ情報，食品の安全性についての正しい知識や食品の適切な選び方，取り扱い方法などについて，意見交換会やホームページなどでの紹介をしている。また，学校給食等において地場産物を使用することは地産地消を推進することであり，「第3次食育推進基本計画」では学校給食において地場産物を使用する割合を2020（令和2）年度までに30％以上にする目標が掲げられている。地産地消が推進されることは食料自給率の向上につながることになる。

（5）食料自給率と食料自給力

1）食料自給率

　わが国の食料自給率は，1960（昭和35）年度の供給熱量ベースで79％の水準にあり，その後，徐々に低下傾向を示し，2000（平成12）年度以降は40％前後の水準で推移している（図6-3）。2019（令和元）年度の供給熱量ベースの食料自給率（概算）は38％である。食料自給率とは国内の食料消費が国内の農業生産でどの程度賄えているのかを示す指標として算出されている。食料自給率の計算方法にはいくつかあるが，前述した供給熱量ベースの食料自給率は1人・1日当たり供給熱量を国内の農業生産でどの程度賄われているかを示した比率である。また，飼料用を含む穀物自給率についても長期的に低下傾向にある。家畜の飼料や小麦，大豆などを外国からの輸入に依存している食料消費の

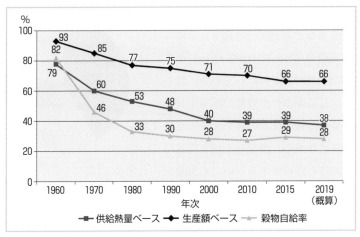

図6-3 食料自給率の推移
（資料：農林水産省　食料需給表　2020　より作成）

裏側には，国内の農業生産で賄えている自給率の低さが理解できる。

2）食料自給力

食料の多くを海外に依存しているわが国では，食料安全保障の観点から，国内の農地等を最大限活用することで，どの程度の食料が得られるのかという食料の潜在生産能力である食料自給力の評価が求められている。食料自給率は食料作物の生産実績をもって算定されるのに対し，食料自給力は非食料作物が栽培された農地，耕作放棄により荒廃し，通常の農作業では作物の栽培が不可能となっている農地も含め，食料の潜在生産能力を評価する指標である[15]。

（6）世界貿易（EPA/FTA）

2019（令和元）年におけるわが国の農産物輸入額は，農林水産省「農林水産物輸出入統計」によれば，6兆5,945億円で，農産物全体の国別輸入割合を示したのが図6-4であり，アメリカからの輸入割合が最も高いことがわかる。

近年のわが国の食料自給率は，前述のとおり供給熱量ベース40％前後で推移し，食料の安定的輸入が求められている。そのためには，輸入先国との良好な

貿易関係が必要である。世界共通の貿易ルールづくりなどは1995（平成7）年に発足したWTO（World Trade Organization：世界貿易機関）で行われており，貿易障壁の除去による自由貿易の推進を目的とし，多角的貿易交渉の場を提供している。しかしながら，開発途上国と先進国の貿易条件の溝は埋まらないため世界全体の貿易交渉などは進まず，特定の国・地域間で貿易のルールを取り決める EPA（economic partnership agreement：

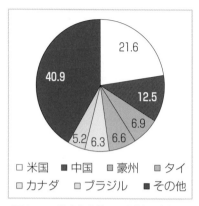

図6-4　農産物全体の国別輸入金額の割合（%）（2019年）

経済連携協定），FTA（free trade agreement：自由貿易協定）の締結が，世界的に増加している。わが国では2017（平成29）年度末時点で，20の国・地域との間で16のEPA/FTAを締結しており，ここ数年増加している[16]。2020（令和2）年11月には，RCEP（regional comprehensive economic pertnership：東アジア地域包括的経済連携）が日本を含む15か国で締結され，発効すると世界経済の3分の1近くを占める世界最大規模の自由貿易圏が誕生するといわれている。

（7）食料生産と異常気象

　国際的な食料需給は，さまざまな要因によって影響を受ける。例えば，需要面は①世界人口の増加，②所得向上に伴う畜産物等の需要増加，③バイオ燃料（バイオマス（植物素材や動物の死骸・糞尿）由来の燃料）向け等農産物の需要増加などがあげられる。一方，供給面では，①収穫面積の動向，②異常気象の頻発，③砂漠化の進行や水資源の制約などがあげられる。食料の供給面に大きな影響を与える異常気象の原因が，主に人間の活動が生み出す温室効果ガスによってもたらされている地球温暖化にあることはもはや疑う余地がない。

　地球温暖化による影響は，単に気温が上がることにはとどまらず，アメリカやヨーロッパなどの国では洪水の被害によって農業や酪農などを営んで生活し

ている人々に大きな打撃を与えており，日本も例外ではない。このように一部の地域では洪水という災害が起こっているのに，別の地域では干ばつが起きている。干ばつとは，雨が降らないことによって日照り状態が続き，長期的な水不足が続いた状態をいう。一部においては森林伐採などによって引き起こされているものもあるが，すでに地球温暖化という異常気象は将来の問題ではなく，現在の問題になってきている[17]。

（8）食料消費と感染症

　近年，世界人口の増加などによる食料需要の増大や異常気象による生産減少などにより，わが国の安定的な食料需給に影響を及ぼすことが懸念されている。さらに，2020（令和2）年に発生した新型コロナウイルス感染症の世界的拡大は，物流の停滞，外国人農業者の受け入れ制限など，ヒト・モノの流れが突然止まるなど，一時的・短期的に発生するリスクの存在も示した。

　また，近年，多発している家畜伝染病は畜産物の需給に不安材料を与えている（表6-3）。わが国の食生活は高度経済成長期以降，たんぱく質の摂取量が増加しているなかで，植物性たんぱく質から動物性たんぱく質へと質的に変化し，その主要な供給源は水産物から畜産物に大きく変化した。2017（平成29）年では，動物性たんぱく質の70％が畜産物によって供給されている。2020（令和2）年では，米国で発生した鳥インフルエンザは鶏肉の輸入停止措置な

表6-3　国内の畜産物フードシステムが影響を受けた主な感染症

2001（平成13）年 BSE（牛海綿状脳症）	国内では2001年9月，国内初のBSE（牛海綿状脳症）の牛が確認された。
2004（平成14）年 高病原性鳥インフルエンザ	国内では2004年1月に発生し，アジアを中心に国内外で多発した。
2010（平成22）年 口蹄疫	感染力が強い疫病であり，幼畜の致死率が高いことから，2010年には畜産業全体に大きな被害を与えた。
2018（平成30）年 豚コレラ	2018年9月，国内では26年ぶりに発生。豚コレラウイルスによって引き起こされ，アジアを含め，世界では依然として発生が認められている。

どから輸入減少の見込みとなっており，ブラジル産の鶏肉では新型コロナウイルス感染症の拡大により日本向け輸出量減産が懸念されている[18]。グローバルに展開した現在のフードシステムでは地球の裏側で発生したリスクも一瞬にして世界中の食料消費に影響を与えてしまう脆弱性を持っているのである[19]。

文　献

1) 農林水産省　食品ロス量（平成29年度推計値）の公表について　2020
2) 寺嶋正尚　ケースでわかる流通業の知識　産業能率大学出版部　2014
3) 農林水産省編　平成23年版　食料・農業・農村白書　2011
4) 同上
5) Virtual water　https://www.env.go.jp/water/virtual_water
6) 農林水産省編　令和元年版　食料・農業・農村白書　2019
7) 消費者庁　アレルギー表示に関する情報・消費者庁　http://www.caa.go.jp/foods/index8.html）
8) 農林水産省編　令和元年版　食料・農業・農村白書　2019
9) 農林水産省編　令和2年版　食料・農業・農村白書　2020
10) 農林水産省　有機農産物　平成30年度認証事業者に係る格付実績　https://www.maff.go.jp/j/jas/jas_kikaku/attach/pdf/yuuki-174.pdf
11) 岩間信之　大都市郊外におけるフードデザート問題の現状と課題　オペレーションズ・リサーチ　Vol. 157 No. 3　2012
12) 農林水産省編　平成26年版　食料・農業・農村白書　2014
13) 農林水産省　今，私たちにできること　風評に惑わされない生活をしよう　http://www.maff.go.jp/j/pr/aff/1105/watashi_01.html
14) 農林水産省　食育推進　https://www.maff.go.jp/j/syokuiku/
15) 農林水産省編　令和元年版　食料・農業・農村白書　2019
16) 農林水産省編　平成30年版　食料・農業・農村白書　2018
17) SEO　ぼくらの地球【地球温暖化教室】　http://www.gwarming.com/link/weather.html
18) 食品産業新聞社ニュースWEB，2020.6
19) 細野ひろみ　食のリスクに関する学際的フードシステム研究　http://www.nougaku.jp/award/2012/8-hosono.pdf

主要参考文献

・茂野隆一他編　新版食品流通　実教出版　2014
・番場博之編　基礎から学ぶ流通の理論と政策〔新版〕　八千代出版　2016
・日本農業市場学会編　食料・農産物の流通と市場Ⅱ　筑波書房　2008
・髙橋正郎監修　食料経済（第5版）　オーム社　2016
・薬師寺哲郎・中川隆編著　フードシステム入門—基礎からの食料経済学—　建帛社　2019
・野村佐智代・佐久間信夫・鶴田佳史編著　よくわかる環境経営　ミネルヴァ書房　2014
・石原武政・竹村正明・細井謙一編著　1からの流通論（第2版）　碩学舎　2018
・石井淳蔵・廣田章光・清水信年編著　1からのマーケティング（第4版）　碩学社　2019
・井原久光編著　経営学入門　キーコンセプト　ミネルヴァ書房　2013
・全国調理師養成施設協会　総合調理用語辞典　2014
・和田充夫・恩藏直人・三浦俊彦　マーケティングの戦略　有斐閣　2016
・沼上幹　わかりやすいマーケティング戦略（新版）　有斐閣　2008
・西川英彦・澁谷覚編著　1からのデジタル・マーケティング　碩学舎　2019
・鈴木宣弘・木下順子　食料を読む　日本経済新聞出版社　2010
・小林隆一　流通の基本（第5版）　日本経済新聞出版社　2016
・寺嶋正尚　ケースでわかる流通業の知識　産業能率大学出版部　2014
・中居裕・中川雄二　市場と安全　連合出版　2015
・藤島廣二編　市場流通2025年ビジョン　筑波書房　2011
・岸康彦　食と農の戦後史　日本経済新聞社　2005
・梅沢昌太郎・長尾精一　食商品学　日本フードスペシャリスト協会・日本食糧新聞社　2004
・山田三郎編著　食料経済　建帛社　2006
・小川好輔　マーケティング入門　日本経済新聞出版社　2012
・小田勝己　外食産業の経営展開と食材調達　農林統計協会　2004
・日本惣菜協会　惣菜白書　各年版
・農林水産省　食料・農業・農村白書　農林統計協会　各年版
・食品流通構造改善促進機構　食品流通ハンドブック　各年版

索　引

■**責任編集**

田島　眞　実践女子大学 名誉教授・農学博士

木島　実　元日本大学生物資源科学部 教授・博士（農学）

■**執筆者**(執筆順)

田中泰恵　目白大学社会学部 教授
　　　　　　　　　　　　　　　　　　　　　　　　（第1章）

相原延英　追手門学院大学地域創造学部
　　　　　　准教授・博士（農学）
　　　　　　　　　　　　　　　　　　　　　　　　（第2章）

髙城孝助　女子栄養大学 客員教授
　　　　　　　　　　　　　　　　　　　　　　　　（第3章）

横田茂永　静岡県立農林環境専門職大学短期大学部
　　　　　　准教授・博士（農学）
　　　　　　　　　　　　　　　　　　　　　　　　（第4章）

木島　実　前出
　　　　　　　　　　　　　　　　　　　（第5章，第6章）

■編　者

公益社団法人 日本フードスペシャリスト協会

〔事務局〕

〒170-0004　東京都豊島区北大塚2丁目20番4号
　　　　　　橋義ビル4階403号室
　　　　TEL　03-3940-3388
　　　　FAX　03-3940-3389

四訂 食品の消費と流通

2000年（平成12年）4月1日	初版発行〜第14刷
2008年（平成20年）3月31日	新版発行〜第8刷
2016年（平成28年）2月10日	三訂版発行〜第5刷
2021年（令和3年）2月1日	四訂版発行
2023年（令和5年）1月20日	四訂版第3刷発行

編　　者　（公社）日本フード
　　　　　スペシャリスト協会

発 行 者　筑　紫　和　男

発 行 所　株式会社 建 帛 社
　　　　　　　 KENPAKUSHA

112-0011　東京都文京区千石4丁目2番15号
　　　　TEL　（03）3944-2611
　　　　FAX　（03）3946-4377
　　　　https://www.kenpakusha.co.jp/

フードスペシャリスト養成課程教科書・関連図書

四訂 フードスペシャリスト論 [第7版]
A5判／208頁
定価2,200円(税10%込)

目次 フードスペシャリストとは　人類と食物　世界の食　日本の食　現代日本の食生活　食品産業の役割　食品の品質規格と表示　食情報と消費者保護

三訂 食品の官能評価・鑑別演習
A5判／264頁
定価2,420円(税10%込)

目次 食品の品質とは　官能評価　化学的評価法(食品成分と品質／評価)　物理的評価法(食品の状態／レオロジーとテクスチャー　他)　個別食品の鑑別

食物学 Ⅰ ―食品の成分と機能― [第2版]
A5判／248頁
定価2,420円(税10%込)

目次 食品の分類と食品成分表　食品成分の構造と機能の基礎　食品酵素の分類と性質　色・香り・味の分類と性質　食品成分の変化　食品機能

食物学 Ⅱ ―食品材料と加工, 貯蔵・流通技術― [第2版]
A5判／240頁
定価2,420円(税10%込)

目次 食品加工の原理　各論(穀類・イモ・デンプン／豆・種実／野菜・果実・キノコ／水産・肉・卵・乳／油脂／調味料／調理加工食品・菓子・し好飲料)　貯蔵・流通

三訂 食品の安全性 [第3版]
A5判／216頁
定価2,310円(税10%込)

目次 腐敗・変敗とその防止　食中毒　安全性の確保　家庭における食品の安全保持　環境汚染と食品　器具および容器包装　水の衛生　食品の安全流通と表示

調理学 [第2版]
A5判／184頁
定価2,090円(税10%込)

目次 おいしさの設計　調理操作　食品素材の調理特性　調理と食品開発

三訂 栄養と健康 [第2版]
A5判／200頁
定価2,200円(税10%込)

目次 からだの仕組み　食事と栄養　食事と健康　健康づくりのための政策・指針　健康とダイエット　ライフステージと栄養　生活習慣病と栄養　免疫と栄養

四訂 食品の消費と流通
A5判／168頁
定価2,090円(税10%込)

目次 食市場の変化　食品の流通　外食・中食産業のマーチャンダイジング　主要食品の流通　フードマーケティング　食料消費の課題

三訂 フードコーディネート論
A5判／184頁
定価2,090円(税10%込)

目次 食事の文化　食卓のサービスとマナー　メニュープランニング　食空間のコーディネート　フードサービスマネジメント　食企画の実践コーディネート

フードスペシャリスト資格認定試験過去問題集 年度版
A4判／100頁(別冊解答・解説16頁付)　定価1,320円(税10%込)　最新問題を収載し, 毎年2月刊行